# Bildwörterbuch Bäckerei Konditorei Verkauf

Fachbegriffe

Deutsch · Englisch · Muttersprache

von

Ulrike Brosamler

Claudia Letzner

Tanja Müller

Mark Peters

Bernd Schauerte

Matthias Schofer

Dr. Felix Büchner

Handwerk und Technik · Hamburg

# Vorwort

Dieses Buch hat die Aufgabe, Auszubildenden in den Berufen Bäckerinnen und Bäcker, Konditorinnen und Konditoren sowie Fachverkäuferinnen und Fachverkäufer Bäckerei und Konditorei intensive Unterstützung und Sicherheit im Umgang mit der beruflichen Fachsprache zu geben. Zum Einen werden dem Lernenden die Bedeutung von berufsbezogenen Vokabeln und Fachbegriffen durch eindeutige Bilder besonders nahegebracht. Zum Anderen haben die Nicht-Muttersprachler unter Ihnen einen sehr schnellen und eingehenden Zugriff auf die Vokabeln, die in ihrem beruflichen Alltag von Bedeutung sind. Daher kann dieses Buch sowohl als Vokabeltrainer (Deutsch – Englisch) als auch als Nachschlagewerk genutzt werden. Darüber hinaus haben Sie, liebe Auszubildenden, Schülerinnen und Schüler die Möglichkeit, zu jedem Bild in einem extra dafür vorgesehenen Feld eigene Notizen hinzuzufügen (den Begriff in der Muttersprache oder auch individuelle Hinweise).

Das Autorenteam besteht ausschließlich aus Berufsschullehrern, die in den jeweiligen Berufen den Fachunterricht durchführen. Ihre vielfältigen Kenntnisse bei der Vermittlung von fachlichen Inhalten und ihre methodischen Erfahrungen finden ihren ausgiebigen Niederschlag in diesem Buch.

Die Autoren wünschen Ihnen – liebe Auszubildende – viel Spaß und Erfolg mit diesem Buch auf dem Weg zu einer immer tiefergehenden Fachlichkeit in Ihrem Beruf.

Carsten Schiewer

Herr Carsten Schiewer führte sehr zielgerichtet und wohlbedacht mit Blick auf die Zielgruppe das Autorenteam zu diesem Bildwörterbuch, welches allen Lernenden in den Bereichen Bäckerei , Konditorei und Verkauf als Begleiter dienen soll. Ihm gilt der besondere Dank.

Das Autorenteam

So wird das Lernen leichter:

Begriffe in schwarz = Substantiv / Plural

Begriffe in rot = Verb

Begriffe in blau = Adjektiv

Begriffe in kursiv = *englisch*

Hier ist Platz zum Eintragen der Muttersprache

# Geleitwort

Liebe Leserinnen und Leser, liebe Lernende,

Brot umgibt seit Menschengedenken ein großer Zauber: Schon vor rund 4500 Jahren haben die alten Ägypter 16 verschiedene Brotsorten gebacken. Brot ist das älteste kultivierte Nahrungsmittel, es steht auf unserem täglichen Speisezettel und macht die Menschen seit jeher satt und glücklich. Kuchen und Torten (auch aus der Konditorei) ebenso.
Damit Vergangenheit und Gegenwart auch Zukunft haben, begrüße ich Sie herzlich in der Gemeinschaft des Bäckerhandwerks. Kaum eine Branche ist so international und vielfältig wie unsere. Bei den Bäckern trifft Tradition auf modernste Technik und die besondere Leidenschaft der Mitarbeiter ist entscheidend für die hohe Qualität und Kundenzufriedenheit. Körperliche Arbeit, Geschick aber auch Teamgeist und vor allem das Interesse, natürliche Rohstoffe mit den eigenen Händen zu verarbeiten und daraus leckere Backwaren zu formen, das zeichnet unser Bäckerhandwerk jeden Tag aus. Das Konditorenhandwerk ergänzt durch Verzierungen, formschöne Schaustücke – nicht nur fürs Auge.
Viel Abwechslung versprechen auch der Umgang mit den Kunden und die besondere Vielfalt der Produkte im Fachverkauf. Insgesamt arbeiten rund 270 400 Menschen im Bäckerhandwerk. Zusammen mit dem Konditorenhandwerk zählt dies zu einem zentralen Wirtschaftsfaktor unseres Landes.
Das Bäcker- und Konditorenhandwerk bietet Arbeits- und Ausbildungschancen für Jede und Jeden – egal welchen Alters und welcher Nationalität. Bei uns zählt nicht, wo man herkommt. Bei uns zählt, wo man hinwill.
Mit der neuen Aufgabe beginnt ein spannender Lebensabschnitt für Sie. Es wird vieles unbekannt sein und Sie werden eine Menge neuer Eindrücke sammeln, die für Ihre berufliche Zukunft wertvoll sein werden. Bäcker und Fachverkäufer sind zukunftssichere und kreative Berufe, die Spaß machen und tolle Aufstiegsmöglichkeiten bieten. Die ersten Schritte in das Arbeits- und Berufsleben sind häufig mit vielen neuen Herausforderungen verbunden. Seien es kleine Handgriffe oder auch größere Prüfungen – mit der richtigen Einstellung, Motivation und Unterstützung werden Sie die Aufgaben meistern. Das Bäckerhandwerk bietet Ihnen eine Vielzahl an Karrieremöglichkeiten – eine Ausbildung ist ein guter Einstieg und Türöffner für Sie, ein zuverlässiges Fundament, auf das Sie Ihre Zukunft bauen können.
Hierbei unterstützt Sie das vorliegende Bildwörterbuch, denn für das Erlernen berufsspezifischer Fachbegriffe ist dieses Buch der ideale Lernbegleiter für Ihren beruflichen Alltag.
Ich wünsche Ihnen viel Erfolg und alles Gute für Ihren beruflichen Weg. Genießen Sie den schönen Beruf des Bäckers und Konditors, geben Sie Ihre Leidenschaft weiter!

Ihr

Michael Wippler
Präsident des Zentralverbandes des Deutschen Bäckerhandwerks

# Inhaltsverzeichnis



ISBN 978-3-582-07703-5 Best.-Nr. 7703


Verlag Dr. Felix Büchner GmbH & Co. KG – Handwerk und Technik GmbH,
Lademannbogen 135, 22339 Hamburg; Postfach 63 05 00, 22331 Hamburg – 2020
E-Mail: info@handwerk-technik.de – Internet: www.handwerk-technik.de

Satz und Layout: KCS GmbH · Verlagsservice & Medienproduktion, 21435 Stelle
Umschlagmotiv: (Leonid Iastremskyi/Pixel-shot) Alamy Ltd., Oxon, Großbritannien
Druck: RCOM Print GmbH Büro Würzburg, 97222 Würzburg-Rimpar

# Hygiene

Hände **waschen** /
Hände mit Seife **einseifen**

*to wash one's hands / lather hands with soap*

Handflächen **einreiben**

*rub both palms together*

Finger und Zwischenräume **waschen**

*rub each finger and between fingers*

Handflächen mit den Fingernägeln **einreiben**

*rub palms with finger nails*

Daumen nicht **vergessen**!

*Don't forget the thumb!*

Handrücken mit den Fingernägeln **einreiben**

*rub back of hand with finger nails*

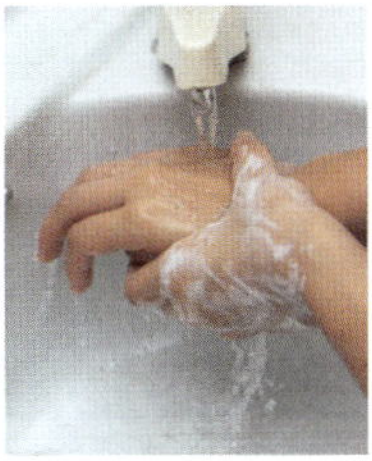

Gründlich **abwaschen**

*wash thoroughly and towel dry*

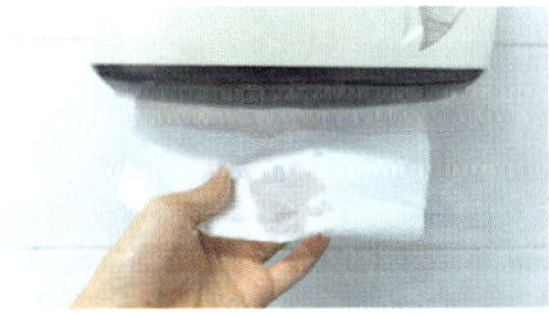

Hände mit Einmalhandtuch **trocknen**

*to dry one's hands with a disposable towel*

Hände **trocknen**

*to dry one's hands under the hand dryer*

der Seifenspender / die Seifenspender
*soap dispenser*

das Einmalhandtuch / die Einmalhandtücher
*disposable towel*

Haare zusammen binden
*to tie one's hair back*

das Haargummi / die Haargummis
*hair tie*

die Kopfbedeckung
*head covering*

niesen (in die Armbeuge)
*to sneeze*

husten (in die Armbeuge)
*to cough*

1

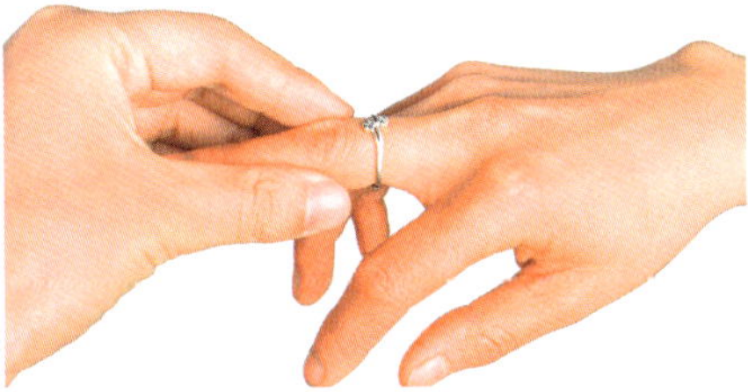

Schmuck ablegen
*to take off (one's) jewellery*

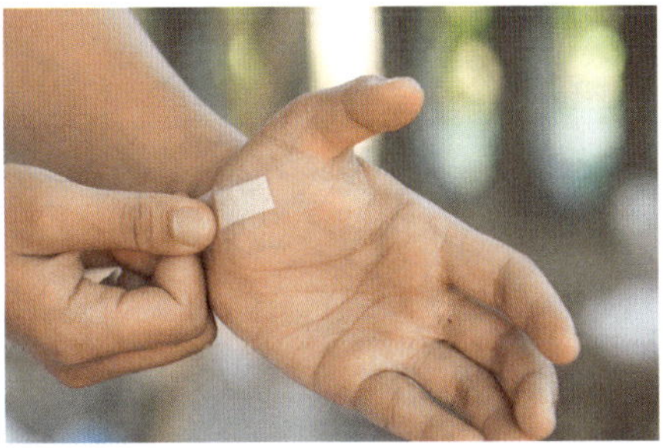

Wunden verbinden
*to bandage wounds*

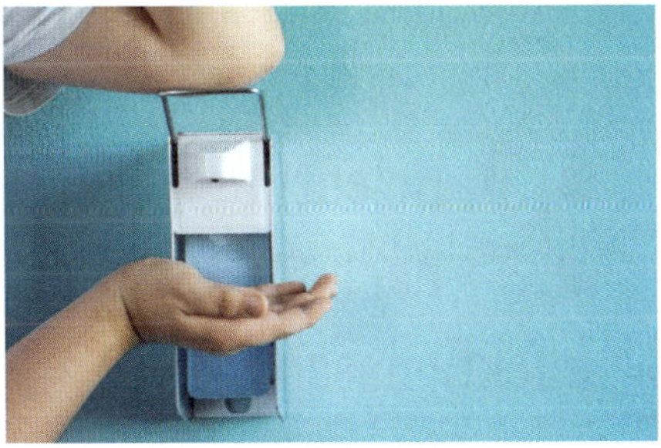

das Desinfektionsmittel
*sanitizer*

die Schürze /
die Schürzen
*apron*

Arbeitskleidung Bäcker / Bäckerin
*work clothes*

die Arbeitsschuhe
*work boots*

1

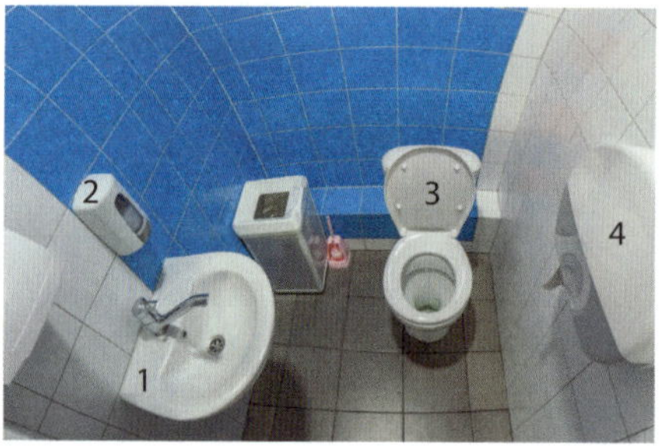


das Waschbecken [1]
*washbasin*

der Seifenspender [2]
*soap dispenser*

die Toilette / das WC [3]
*toilet*

das Toilettenpapier [4]
*toilet tissue*

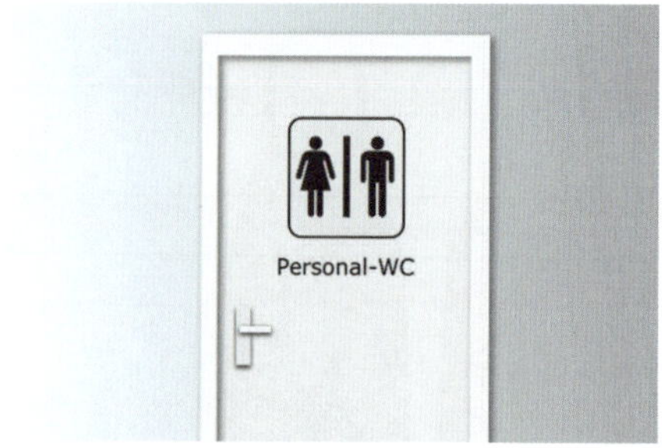


das Personal WC
*staff toilet*

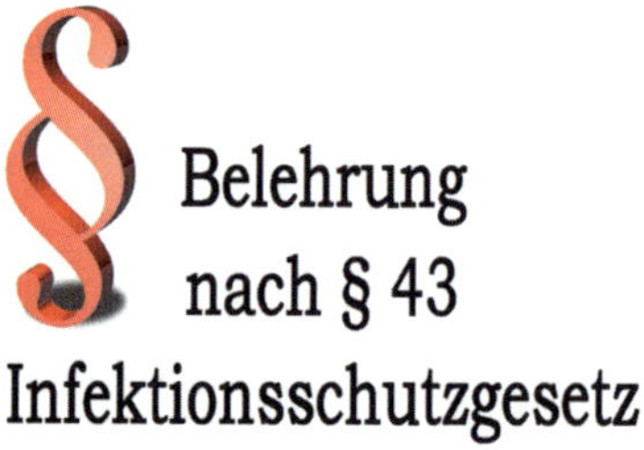


Bescheinigung/ Infektionsschutzgesetz
*certificate/InfectionProtection Act*

das ist Pflicht
*This is obligatory/ compulsory*

Notstopp-Knopf
*emergency stop*

# Arbeitsschutz

ausrutschen /
die Rutschgefahr / die Rutschgefahren
*to slip / danger of slipping*

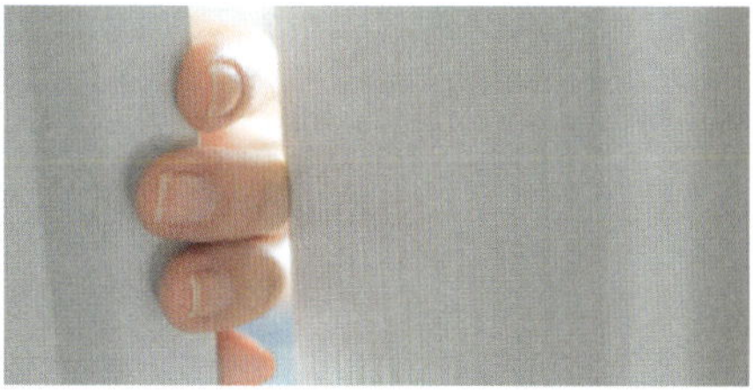

klemmen – quetschen /
die Quetschung / die Quetschungen
*to get squashed / squashing*

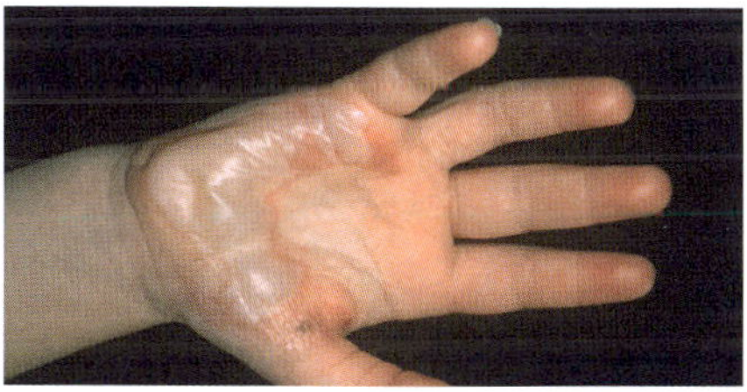

verbrennen /
die Verbrennung / die Verbrennungen
*to scald oneself / burn*

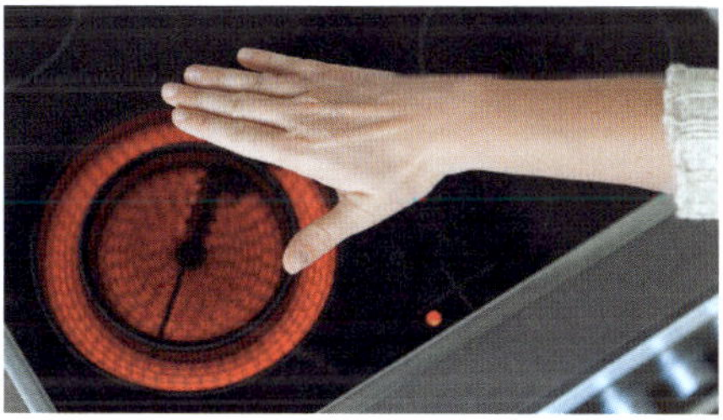

Vorsicht heiß!
*Caution: hot!*

das Blut
*blood*

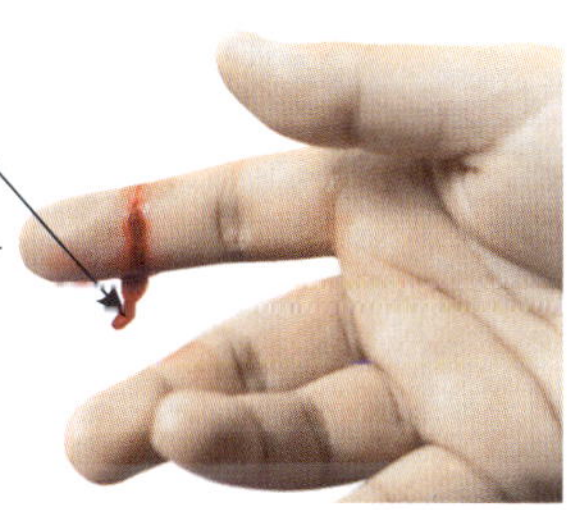

die Schnittwunde / die Schnittwunden
*cut*

fallen /
der Sturz / die Stürze
*to fall / fall*

mit Wasser löschen verboten
*don't extinguish with water*

Warnung vor ätzenden Stoffen
*Caution: etching substance!*

die Schutzbrille / die Schutzbrillen
*safety glasses*

Augenschutz benutzen
*Use safety glasses!*

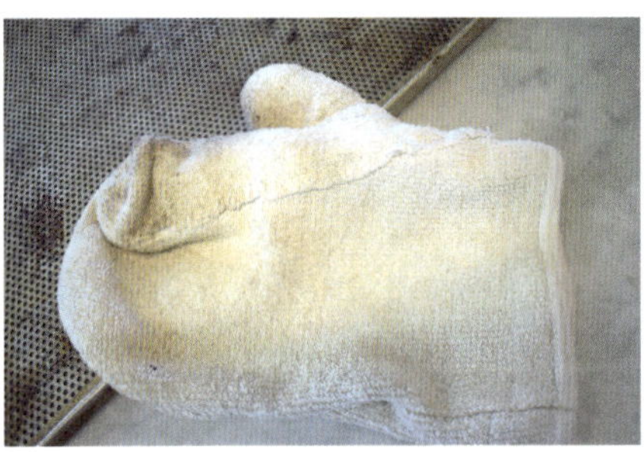

der Ofenhandschuh / die Ofenhandschuhe
*oven protective gloves*

Handschutz benutzen
*Use protective gloves!*

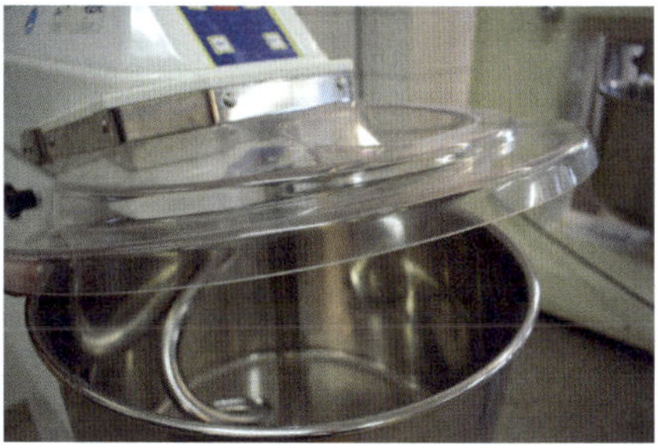

die Schutzabdeckung / die Schutzabdeckungen
*safety cover*

das Schutzgitter / die Schutzgitter
*protecting grille*

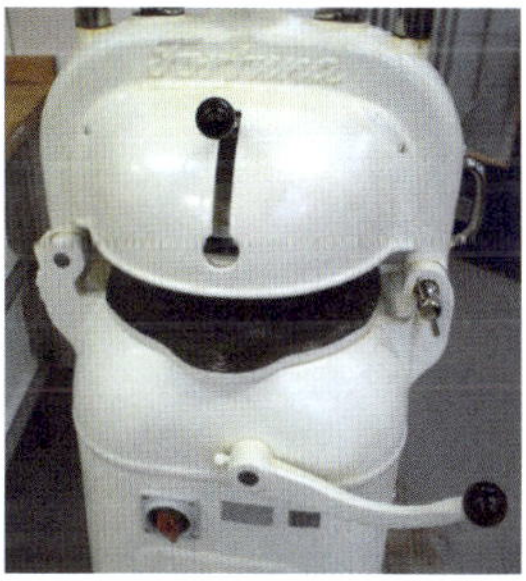

die Zweihandnutzung
*Use two hands*

nicht in laufende Maschine greifen
*Do not reach into running machine*

der Füllschlauch / die Füllschläuche
*filling hose*

die Staubabsaugung am Mehlsilo
*dust extracting system*

der Feuerlöscher / die Feuerlöscher
*fire extinguisher*

der Fluchtweg / die Fluchtwege
*escape route*

das Telefon / die Telefone
*telephone / phone*

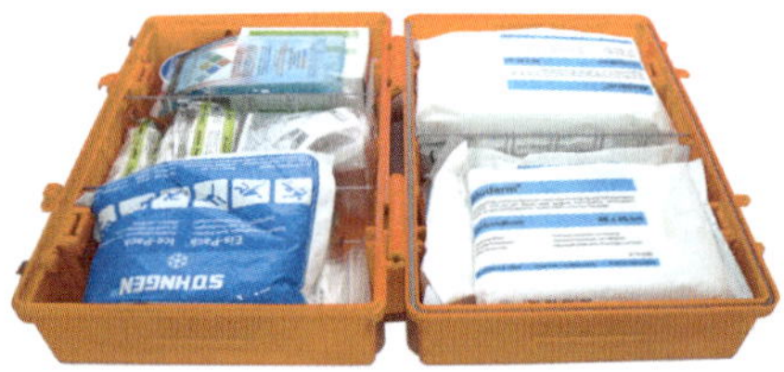


der Verbandskasten / die Verbandskästen
*first-aid box*

Erste Hilfe
*first-aid*

das Pflaster / die Pflaster
*plaster*

das Wasser
*water*

Warnung vor heißen Oberflächen
*Caution: hot surface!*

2

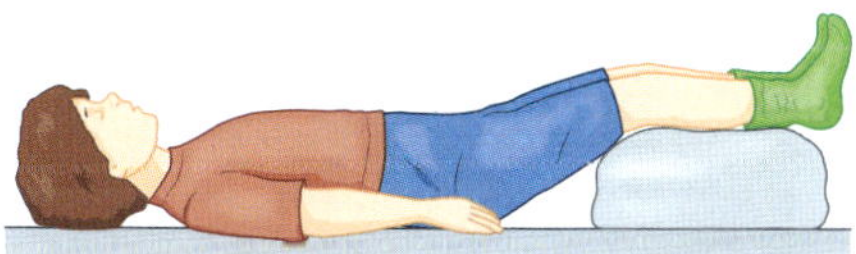

Lagerung bei Schock
*shock positioning*

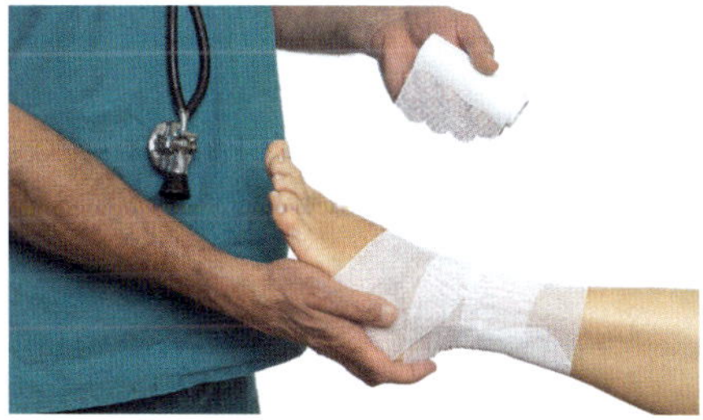

der Verband / die Verbände
*bandage*

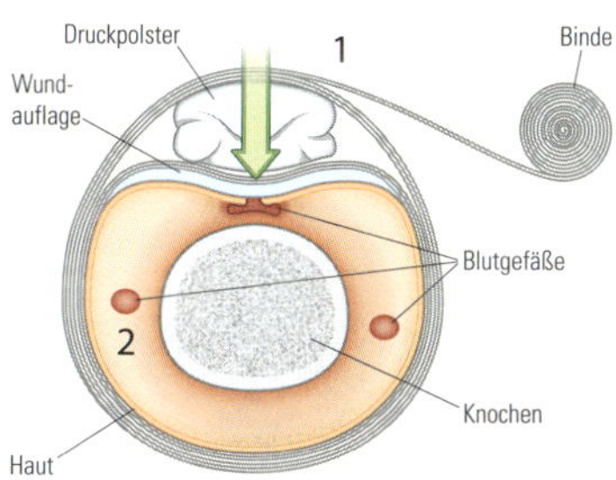


der Druckverband / die Druckverbände [1]
*pressure bandage*

das Blutgefäß / die Blutgefäße [2]
*blood vessel*

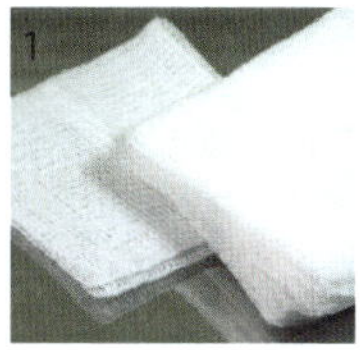


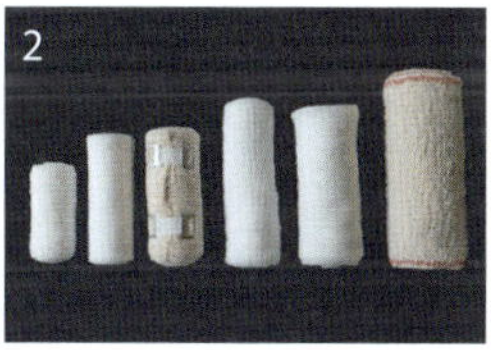


die Wundauflage / die Wundauflagen [1]
*gauze dressing pad*

die Mullbinde / die Mullbinden [2]
*gauze bandage*

2

die Arbeitshöhe / die Arbeitshöhen
*working height*

heben
*to lift*

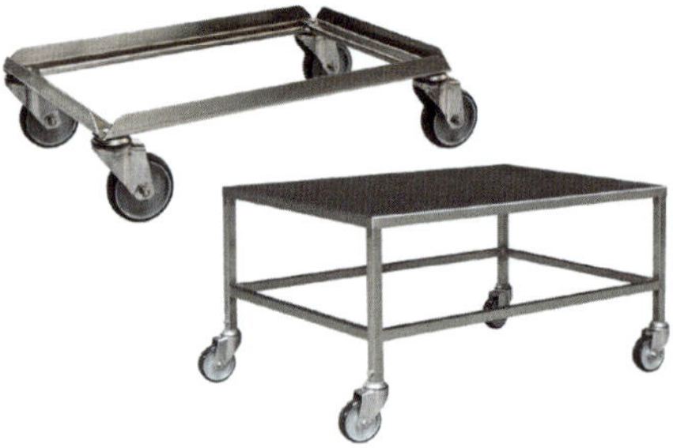

der Korbrolli / die Korbrollis
*transport trolley for baskets*

der Arbeitstisch (fahrbahr) / die Arbeitstische
*work-bench (mobile)*

der Kessellift, der Hebekipper /
die Kessellifte, die Hebekipper
*bowl lift, bowl hoist*

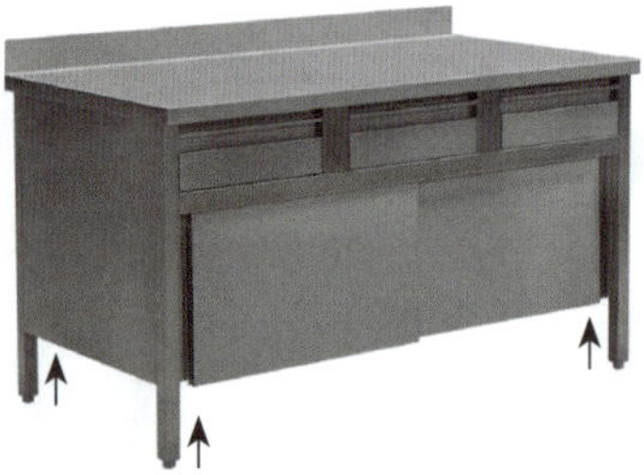

der Arbeitstisch (höhenverstellbar) /
die Arbeitstische
*work-bench (height-adjustable)*

# Werkzeuge, Geräte und Maschinen

3

das Litermaß / die Litermaße
*graduated jug*

die Abwiegeschaufel / die Abwiegeschaufeln
*flour scoop*

das elektronische Thermometer /
die elektronischen Thermometer
*digital thermometer*

die Plastikschüssel / die Plastikschüsseln
*plastic bowl*

das Handsieb / die Handsiebe
*flour sifter*

die Brotform, der Gärkorb /
die Brotformen, die Gärkörbe
*bread mould*

3

der Spiralkneter / die Spiralkneter
*spiral kneader*

der Hubkneter / die Hubkneter
*L-shaped paddlekneader*

der Doppelwellenkneter, Wendelkneter / die Doppelwellenkneter, Wendelkneter
*double shaft kneader/wendel mixer*

die Rührmaschine, Aufschlagmaschine / die Rührmaschinen, Aufschlagmaschinen
*stirring machine*

der Edelstahlkessel / die Edelstahlkessel
*stainless steel boiler*

der Kupferkessel / die Kupferkessel
*copper kettle*

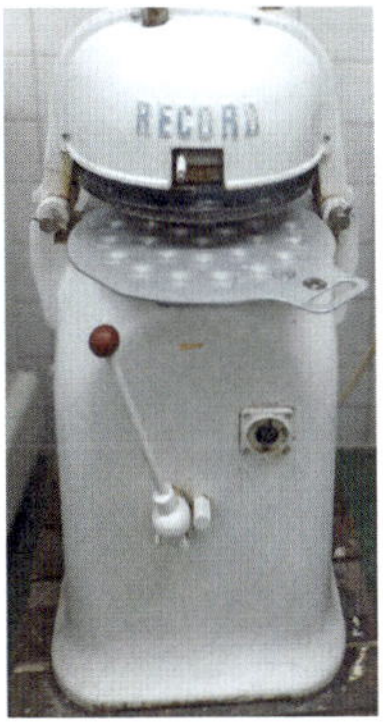

die Brötchenpresse, Schleifmaschine mit Wirkteller /
die Brötchenpressen, Schleifmaschinen mit Wirktellern
*divider rounder with moulding plate*

die Brötchenstraße mit Kopfmaschine /
die Brötchenstraßen mit Kopfmaschinen
*bun line*

die Teigausrollmaschine /
die Teigausrollmaschinen
*assembly sheeter*

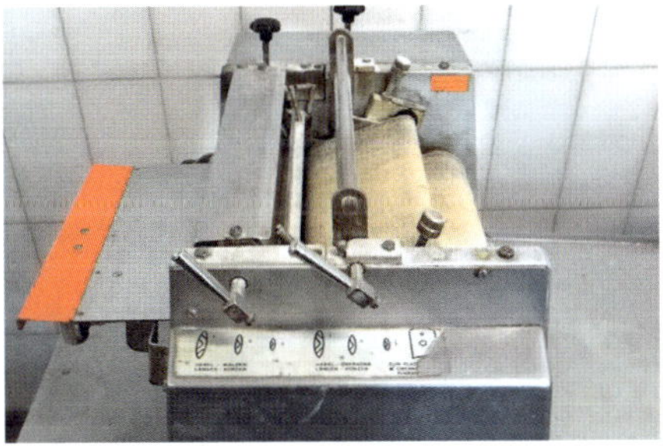

die Wickelmaschine / die Wickelmaschinen
*winding machine*

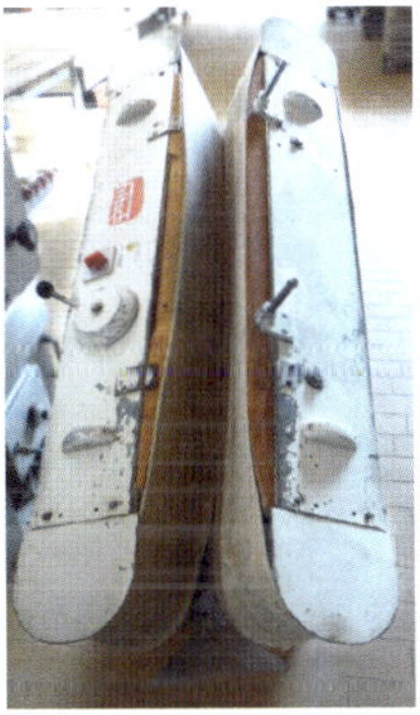

die Rundwirkanlage /
die Rundwirkanlagen
*round moulder*

die Langwirkanlage / die Langwirkanlagen
*long moulder*

der Stikkenwagen / die Stikkenwaagen
*rack*

___

das Baguetteblech, Muldenblech / die Baguettebleche, Muldenbleche
*baguette sheet*

___

das Lochblech / die Lochbleche [1]
*perforated sheet*

___

das Schwarzblech / die Schwarzbleche [2]
*aluminium coated sheet*

___

das Weißblech / die Weißbleche [3]
*black aluminium sheet*

___

die Kippdiele / die Kippdielen [4]
*proofing board*

___

der Tuchabziehapparat / die Tuchabziehapparate
*oven charging device*

___

der Backrahmen, Kapselrahmen / die Backrahmen, Kapselrahmen
*tray cake sheet*

___

der Stikkenofen / die Stikkenöfen
*rack oven*

der Etagenofen / die Etagenöfen
*multi-deck oven*

der Durchlaufofen, Tunnelofen / die Durchlauföfen, Tunnelöfen
*tunnel oven*

der Holzbackofen / die Holzbacköfen
*wood-baking oven*

der Gärraum
die Gärräume
*fermentation room*

der Ladenbackofen / die Ladenbacköfen
*instore baking oven*

die Ausbackschaufel / die Ausbackschaufeln
*oven shovel*

der Schieber, der Schießer /
die Schieber, die Schießer [1]
der Ofenhandschuh / die Ofenhandschuhe [2]
*hand peel with baking gloves*

die Sprühpistole / die Sprühpistolen
*spray gun*

der Laugenapparat / die Laugenapparate
*lye application machine*

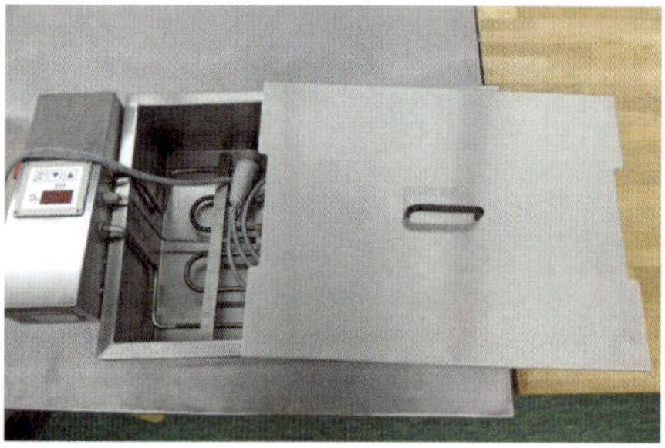

das Fettbackgerät / die Fettbackgeräte
*pastry deep fryer*

die Sauerteiganlage,
der Fermenter /
die Sauerteiganlagen,
die Fermenter
*sourdough facility*

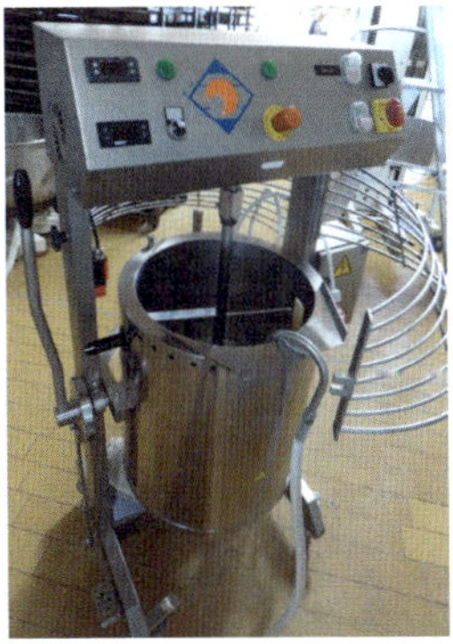

der Kremkocher / die Kremkocher
*cream cooker*

der Sahnebläser / die Sahnebläser
*cream maker*

der Gebäckfüller / die Gebäckfüller
*pastry filler*

das Temperiergerät / die Temperiergeräte
*chocolate tempering device*

die Digitalwaage / die Digitalwaagen
*digital scale*

die Balkenwaage / die Balkenwaagen
*beam balance*

der Pinsel, der Einstreicher, der Quast / die Pinsel, Einstreicher, Quasten [1]
*pastry brush*

der Tischbesen / die Tischbesen [2]
*flour brush*

die Stipprolle, der Teigigel / die Stipprollen, die Teigigel [3]
*roller docker*

der Brötchenstempel, Handstüpfler / die Brötchenstempel, Handstüpfler [4]
*roll stamper*

der Schaber, das Hörnchen, die Teigkarte, der Schlesinger / die Schaber, Hörnchen, Teigkarten, Schlesinger [5]
*dough scraper*

der Schneideroller, das Rollmesser / die Schneideroller, Rollmesser [6]
*rotary cutter*

das Teigrädchen, der Teigrändel / die Teigrädchen, Teigrändel [7]
*dough wheel*

die Winkelpalette / die Winkelpaletten [1]
die Palette / die Paletten [2]
*angled spatula, straight spatula*

das Riefholz / die Riefhölzer
*grooved rolling pin*

das Rollholz / die Rollhölzer [1]
das Rundholz / die Rundhölzer [2]
*rolling pin*

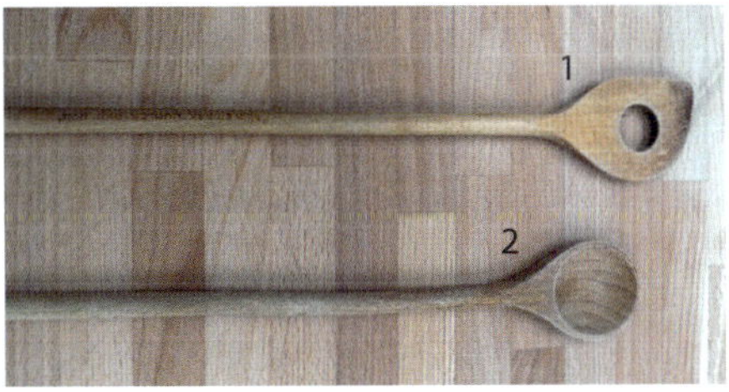


der Melierlöffel, Massenlöffel /
die Melierlöffel, Massenlöffel [1]
der Rührlöffel / die Rührlöffel [2]
*stirring spoon*

der Garnierkamm / die Garnierkämme
*comb scraper*

das Teigmesser / die Teigmesser
*bread roll knife*

das Wellenschliffmesser, Brotmesser /
die Wellenschliffmesser, Brotmesser
*serrated blade/bread knife*

das Buntmesser / die Buntmesser
*decorating knife*

das Tortenmesser / die Tortenmesser
*cake knife*

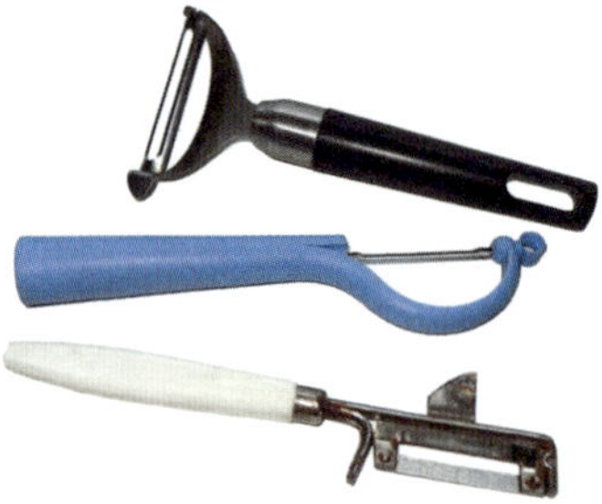

der Sparschäler / die Sparschäler
*peeler*

der Apfelentkerner / die Apfelentkerner
*apple corer*

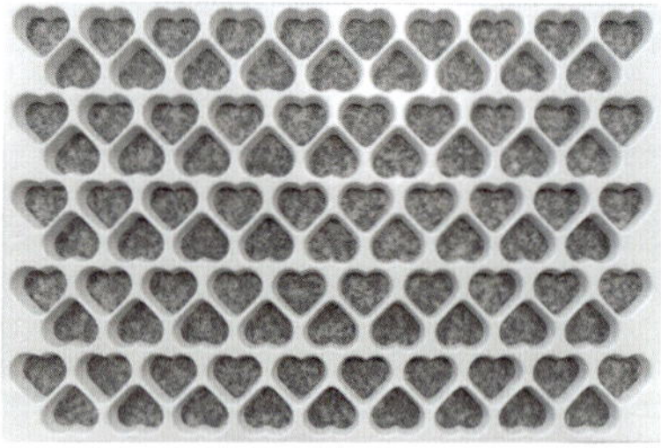

die Ausstechmatte / die Ausstechmatten
*cookie cutter sheet*

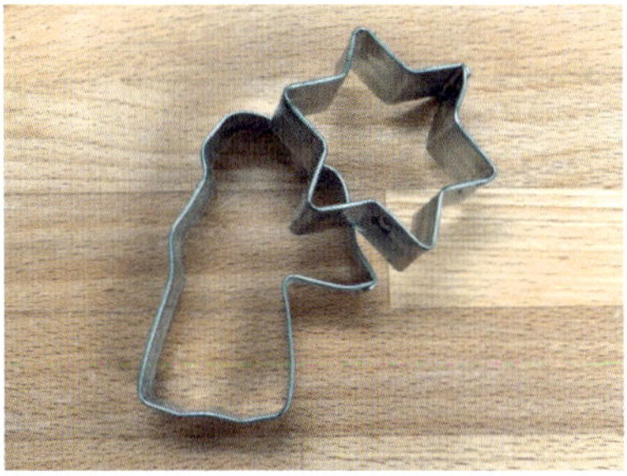

der Ausstecher / die Ausstecher
*cookie/biscuit cutter*

der Pasteten-ausstecher und -halter / die Pasteten-ausstecher und -halter
*pie cutter and holder*

die Schaum-rollen- und Schil-lerlockenform / die Schaum-rollen- und Schil-lerlockenformen
*cream horn mould*

die Kranzform / die Kranzformen
*ring shaped mould*

1

2

die Kastenform / die Kastenformen [1]
*box shaped mould*

die Springform / die Springformen [2]
*springform mould*

die Toastbrotform / die Toastbrotformen
*toast mould*

1

2

die Stollenform / die Stollenformen [1]
*stollen mould*

die Briocheform / die Briocheformen [2]
*brioche mould*

die Gugelhupfform, Napfform /
die Gugelhupfformen, Napfformen
*gugelhupf mould, bundt cake mould*

die Kuppelform / die Kuppelformen
*dome shaped mould*

die Tortelettform / die Tortelettformen
*tartelette mould*

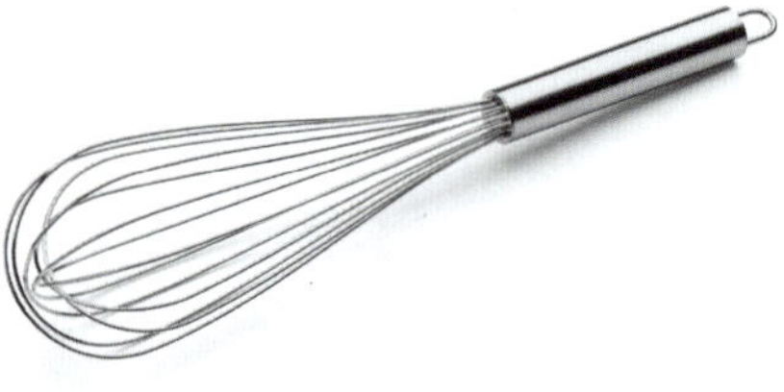

der Rührbesen, Schneebesen /
die Rührbesen, Schneebesen
*whisker*

das Passiersieb / die Passiersiebe
*passing sieve*

der Tortenring / die Tortenringe
*tartring*

die Tortenscheibe / die Tortenscheiben
*cake base*

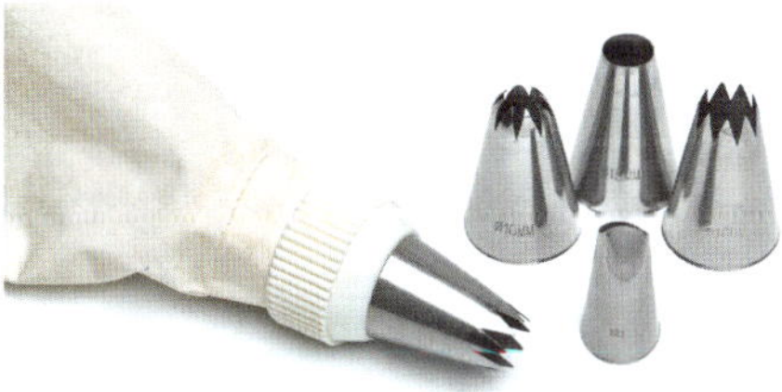

der Dressierbeutel, Spritzbeutel /
die Dressierbeutel, Spritzbeutel
*pastry/icing bag*

die Tülle / die Tüllen
*piping nozzle*

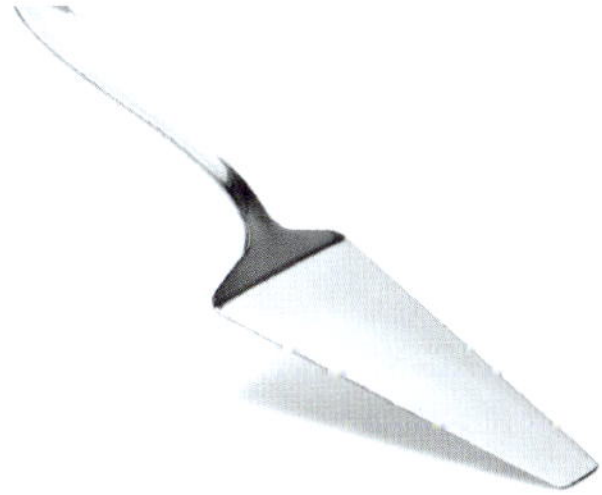

der Tortenheber, Gebäckheber /
die Tortenheber, Gebäckheber
*cake server*

die Pralinenzange, Gebäckzange /
die Pralinenzangen, Gebäckzangen
*candy tongs, pastry tongs*

3

3

der Einteiler, Teigschneider /
die Einteiler, Teigschneider
*dough cutter/cake divider*

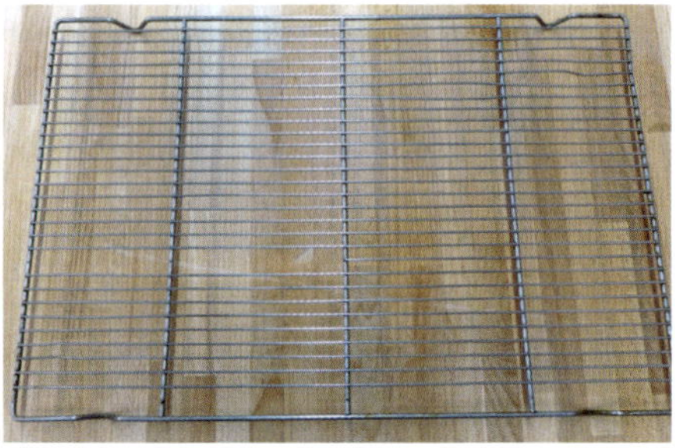

das Ablaufgitter / die Ablaufgitter
*drain grate*

das Überziehgitter / die Überziehgitter
*grate for frosting cakes*

der Kaffeeautomat / die Kaffeeautomaten
*fully-automatic coffee machine*

1

2

die Kaffeemaschine / die Kaffeemaschinen [1]
*coffee machine*

der Kaffeefilter / die Kaffeefilter [2]
*coffee filter*

die Thermoskanne /
die Thermoskannen
*thermal jug*

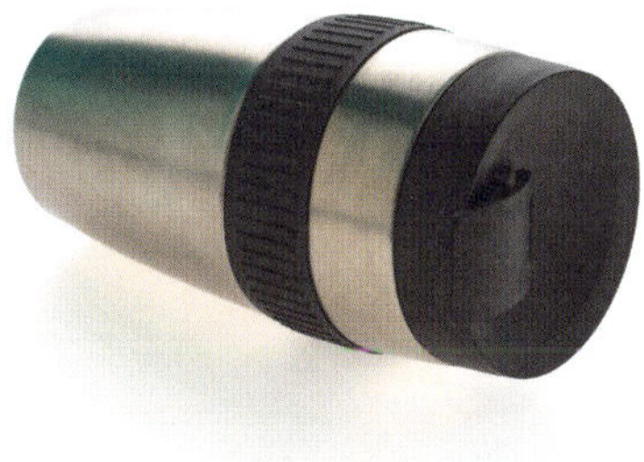

der Thermobecher / die Thermobecher
*thermal mug*

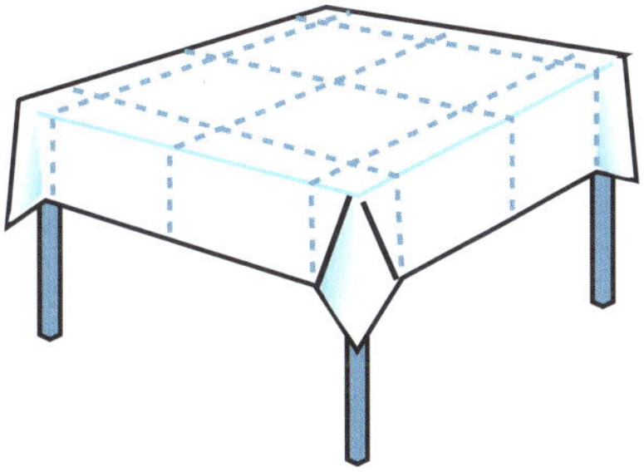

die Tischdecke / die Tischdecken
*tablecloth*

das Tischset / die Tischsets
*place mat*

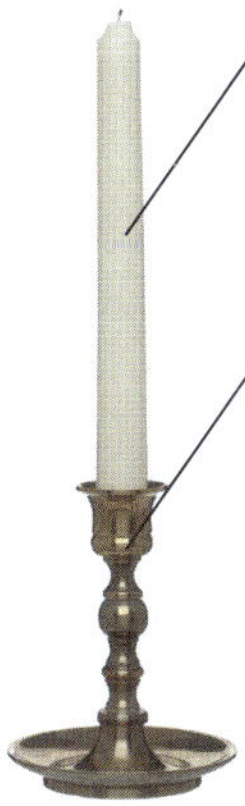

die Kerze / die Kerzen
*candle*

der Kerzenständer / die Kerzenständer
*candle holder*

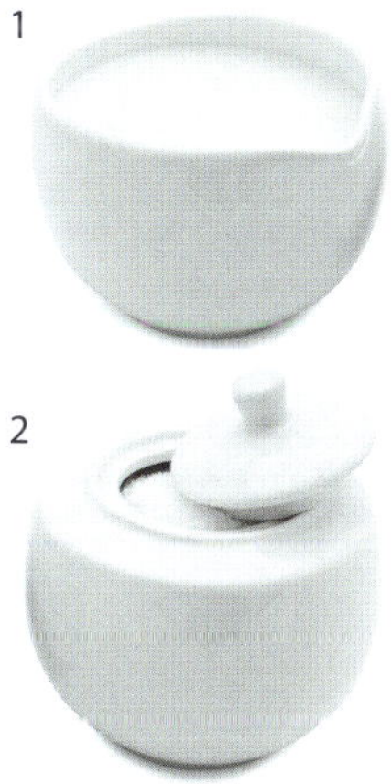

das Milchkännchen / die Milchkännchen [1]
*milk jug*

die Zuckerdose / die Zuckerdosen [2]
*sugar bowl*

die Menage mit Salz, Pfeffer, Essig und Öl / die Menagen mit Salz, Pfeffer, Essig und Öl
*cruet stand with salt, pepper, vinegar and oil*

der Verkaufstresen,
der Tresen /
die Verkaufstresen,
die Tresen
*sales counter*

das Brotregal / die Brotregale
*bread shelf*

die Vitrine / die Vitrinen
*display case*

das Preisschild / die Preisschilder
*price tag*

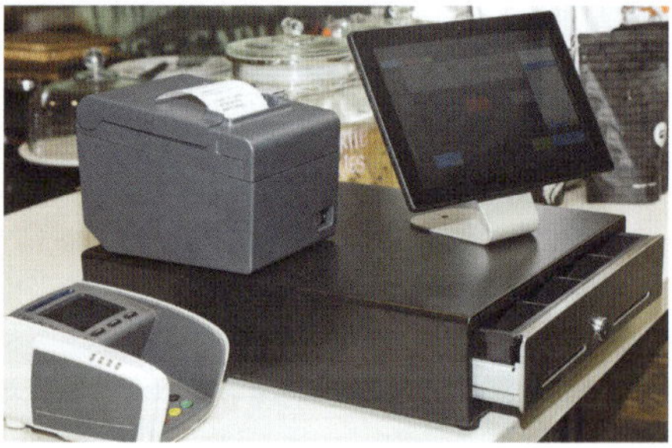

die Kasse / die Kassen
*till / cash register*

das Mikrowellengerät (die Mikrowelle)
*microwave*

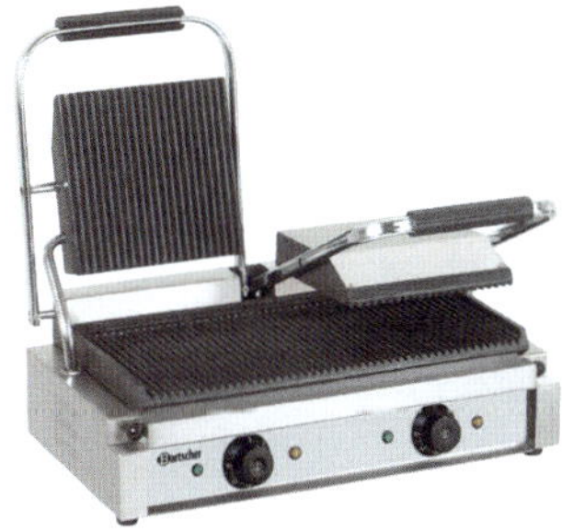

der Kontaktgrill / die Kontaktgrills
*contact grill*

das Kochfeld / die Kochfelder
*ceramic cooktop*

der Gasherd, Gaskocher /
die Gasherde, Gaskocher
*gas stove*

die Bratpfanne / die Bratpfannen
*frying pan*

der Kochtopf / die Kochtöpfe
*pot*

der Standmixer / die Standmixer
*blender/mixer*

der Pürierstab, Stabmixer / die Pürierstäbe, Stabmixer
*immersion blender*

die Küchenmaschine / die Küchenmaschinen
*food processor*

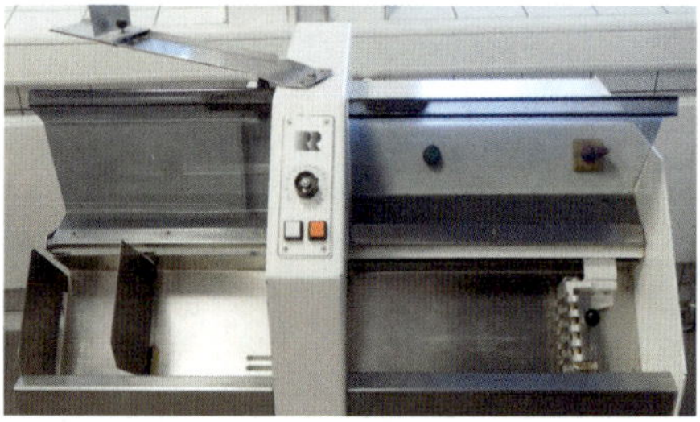

die Brotschneidemaschine / die Brotschneidemaschinen
*bread slicing machine*

das Papierabreißgerät / die Papierabreißgeräte
*paper roller*

die Salatschleuder / die Salatschleudern
*salad spinner*

das Tablett /
die Tabletts [1]
der Tablettwagen /
die Tablettwagen [2]
*tray*

der Flaschenöffner / die Flaschenöffner
*bottle opener*

der Messerblock /
die Messerblöcke
*knife block*

die Tüte / die Tüten [1]
*baker's bag (paper)*

die Pappe / die Pappen [2]
*paper plate*

die Serviette / die Servietten [3]
*napkin*

das Sahneabdeckpapier /
die Sahneabdeckpapiere
*waxed paper*

der Milchaufschäumer / die Milchaufschäumer
*milk frother*

3

die Espressotasse / die Espressotassen
*espresso cup*

der Kaffeebecher / die Kaffeebecher
*mug*

die Kaffeetasse [1] mit Untertasse [2] und Kaffee- oder Teelöffel [3] / die Kaffeetassen mit Untertassen mit Kaffee-/Teelöffeln
*coffee cup with saucer and table-/tea spoon*

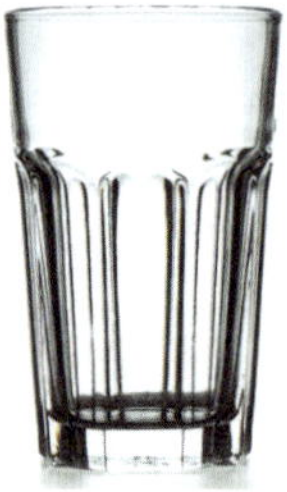

das Latte-Macchiato-Glas / die Latte-Macchiato-Gläser
*latte macchiato glass*

die Teekanne [1] und das Teeglas [2] / die Teekannen und die Teegläser
*teapot and tea glass*

der Teller [1] mit Gabel [2], Suppenlöffel [3] und Messer [4] und Kuchenteller [5] mit Kuchengabel [6]
*plate with fork, spoon and knife and cake plate with pastry fork*

der Eierbecher / die Eierbecher
*eggcup*

die Savarinform / die Savarinformen
*savarin mould*

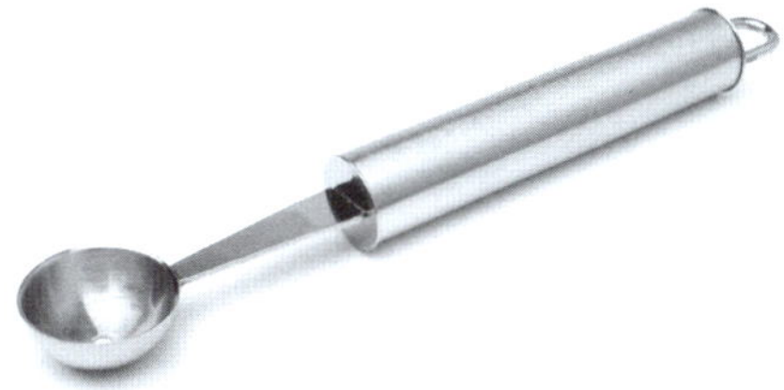

der Kugelausstecher / die Kugelausstecher
*melon baller*

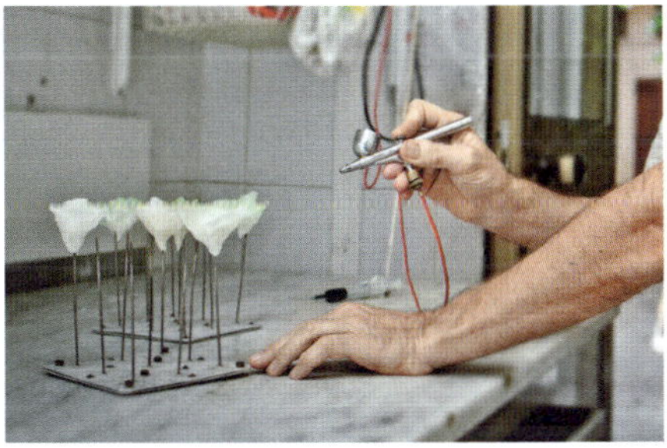

das Airbrush-Gerät
*airbrush*

der Lebensmitteldrucker
*food coloring printer*

1  2 

die Schokoladengießform /
die Schokoladengießformen [1]
*silicone mould for chocolate*

die Schokoladenform [2]
*chocolate mould*

die Schneidewalze für Pralinen
*wheel cutter*

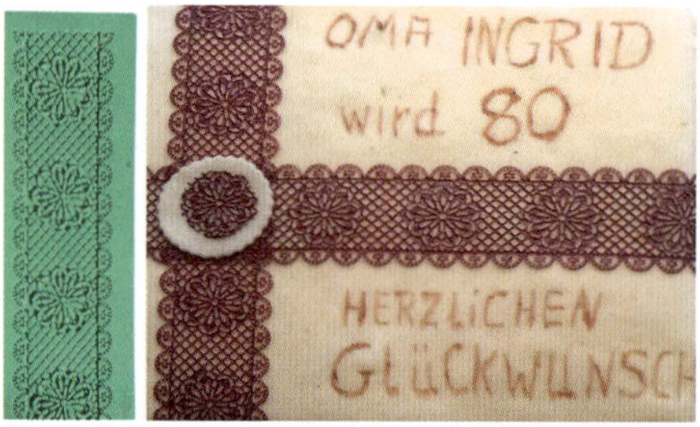


die Backreliefmatte / die Backreliefmatten – Reliefmuster auf Torte
*baking relief mat, silicone*

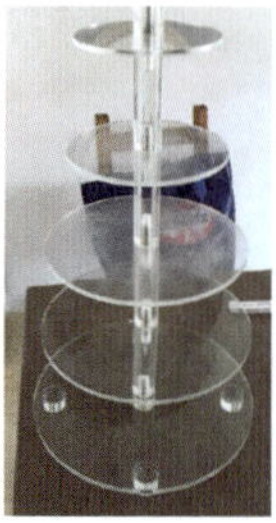

der Hochzeits-
tortenständer
*wedding cake rack*

die Hochzeitstorte
*wedding cake*

der Pralinenausstecher / die Pralinenausstecher
*praliné cutter*

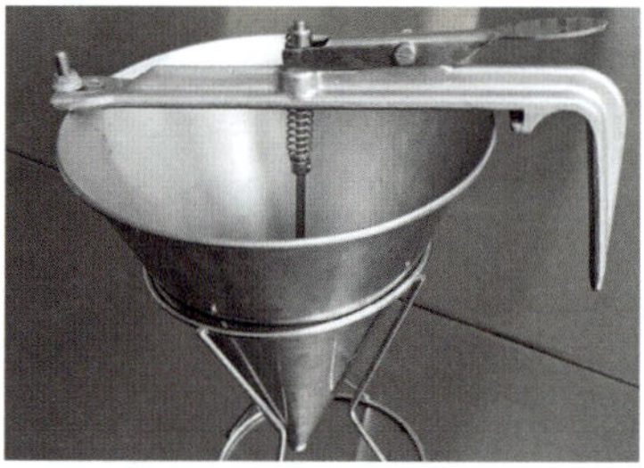

der Fülltrichter für Pralinen /
die Fülltrichter für Pralinen
*praliné filling hopper*

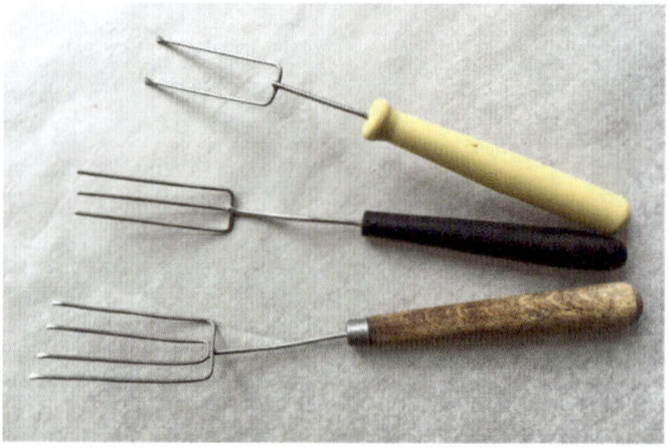

die Pralinengabel / die Pralinengabeln
*petit-fours cutter*

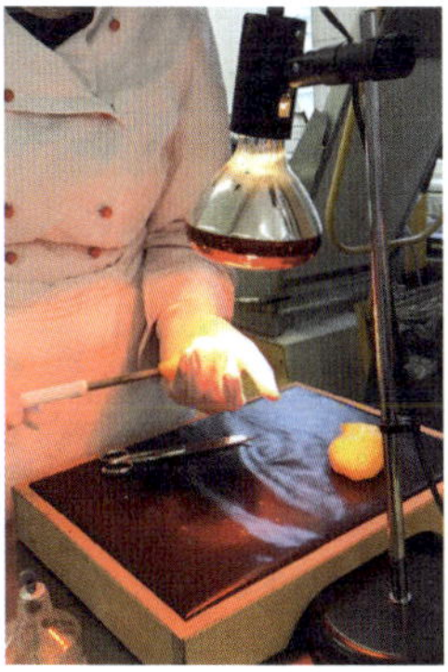

die Zuckerlampe / die Zuckerlampen
*heat lamp, sugar lamp*

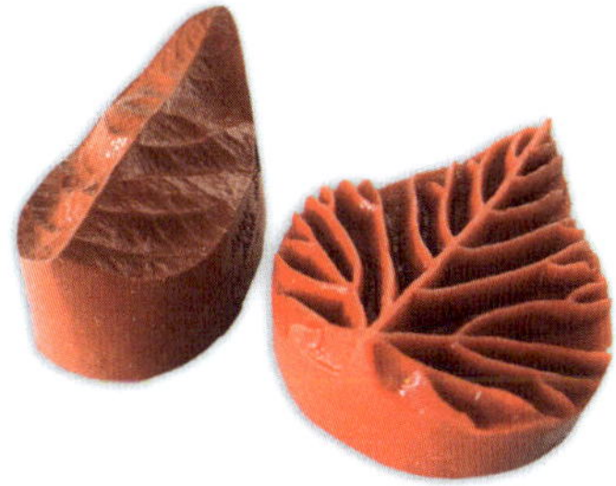

der Blattstempel / die Blattstempel
*leaf stamp*

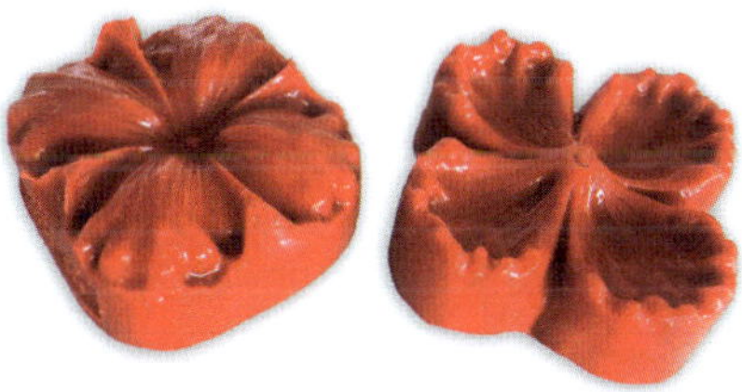

der Blumenstempel / die Blumenstempel
*flower stamp*

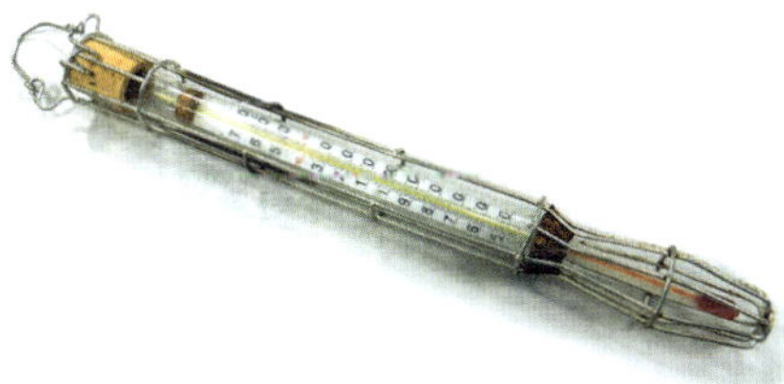

das Zuckerthermometer / die Zuckerthermometer
*candy thermometer*

der Refraktometer / die Refraktometer
*sugar density refractometer*

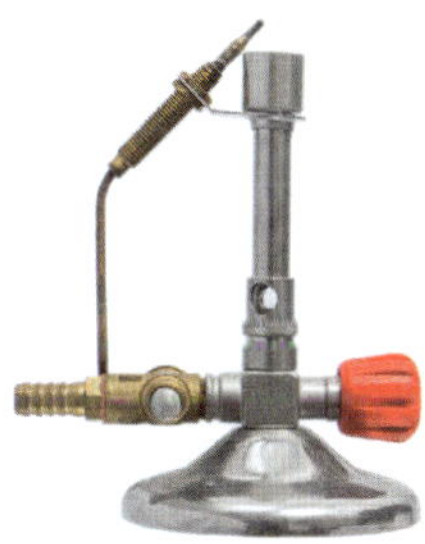

der Bunsenbrenner / die Bunsenbrenner
*Bunsen burner*

3

die Zuckerwaage / die Zuckerwaagen
*saccharimeter*

die Silikonmatte / die Silikonmatten
*silicone mold, fleximold*

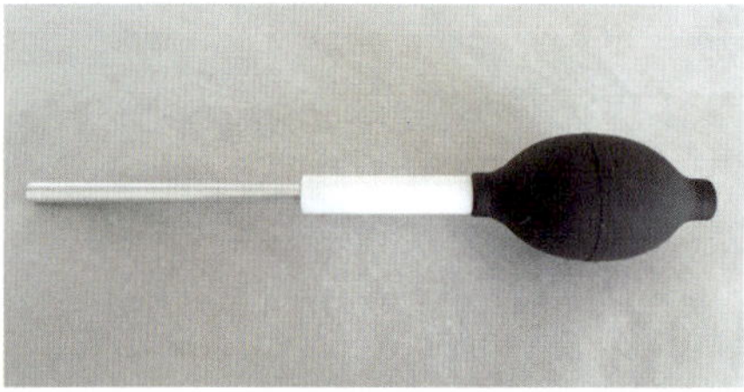

der Blasebalg / die Blasebalge
*bellows*

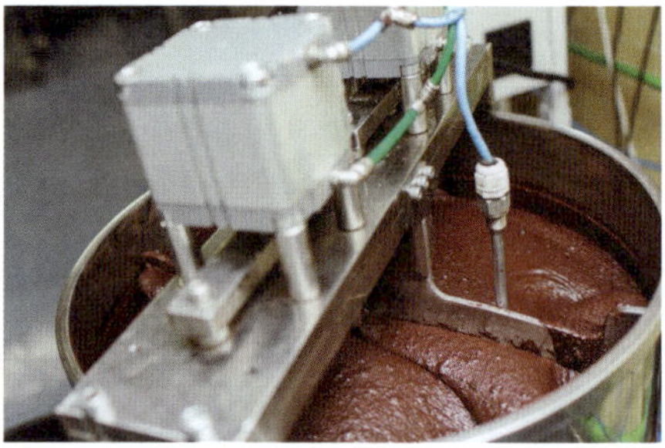

der Melangeur / die Melangeure
*mélangeur*

die Marmorplatte / die Marmorplatten
*marble dish, slab*

der Sahneautomat / die Sahne-automaten
*automatic cream whipping machine*

die Baumkuchenmaschine / die Baumkuchenmaschinen
*(pyramid) layer cake machine*

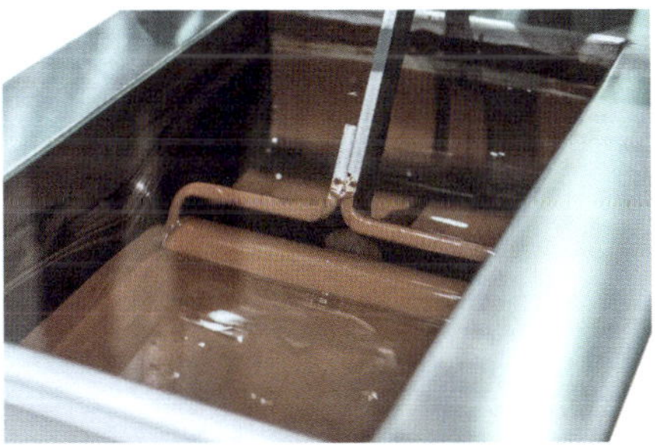

die Conchiermaschine / die Conchiermaschinen
*conche, conching machine*

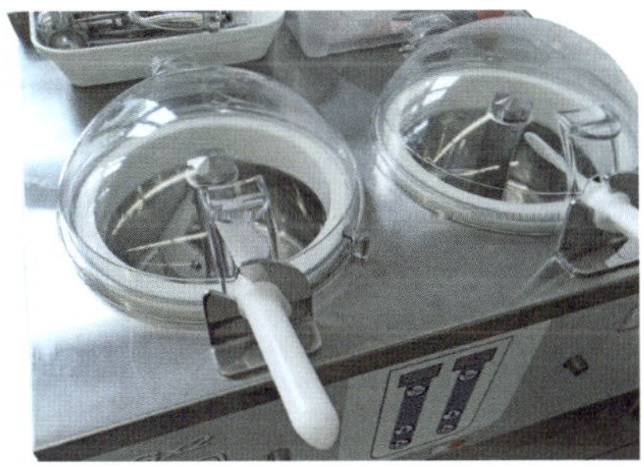

die Speiseeismaschine / die Speiseeismaschinen
*ice cream machine, maker*

die Speiseeistheke / die Speiseeistheken
*Ice cream counter*

der Eisportionierer / die Eisportionierer
*ice cream scoop*

3

die Eisziegelform / die Eisziegelformen
*brick pan for ice cream*

die Tortenform / die Tortenformen
*cake cutter, gateau cutter*

die Formen für Königsberger Marzipan
*pan for marzipan Königsberg style*

die Stanze für Königsberger Marzipan
*puncher for marzipan Königsberg style*

die Silikonkautschukform /
die Silkonkautschukformen
*marzipan mould, silicone*

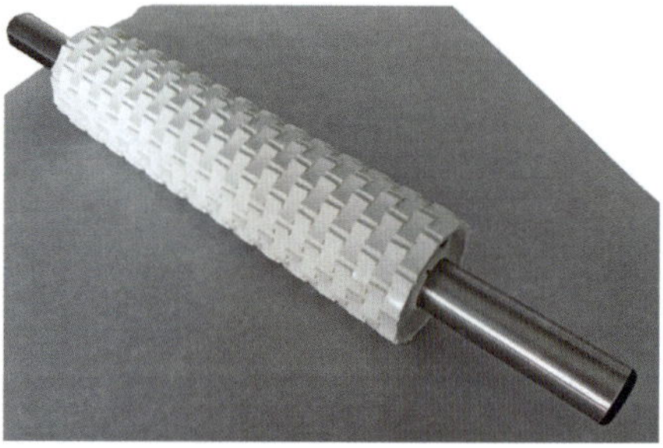

das Strukturrollholz für Marzipan
*structure rolling pin for marzipan*

3

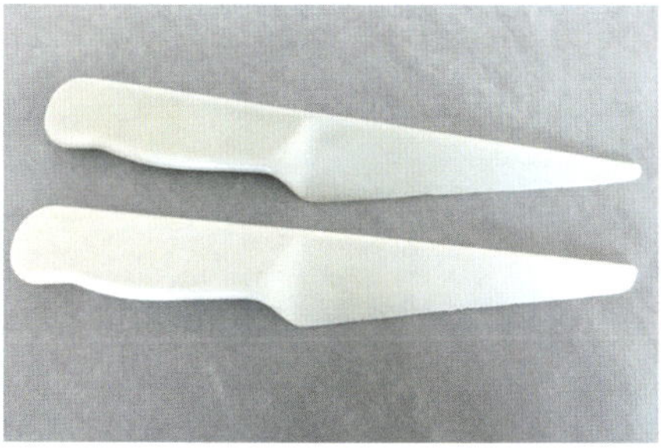

das Marzipanmesser / die Marzipanmesser
*knife for marzipan*

der Marzipankneifer / die Marzipankneifer
*pincers for marzipan*

der Ausroller / die Ausroller [1]
der Ausstecher / die Ausstecher [2]
*rolling pin, shaper*

der Marzipanstempel / die Marzipanstempel
*stamp for marzipan*

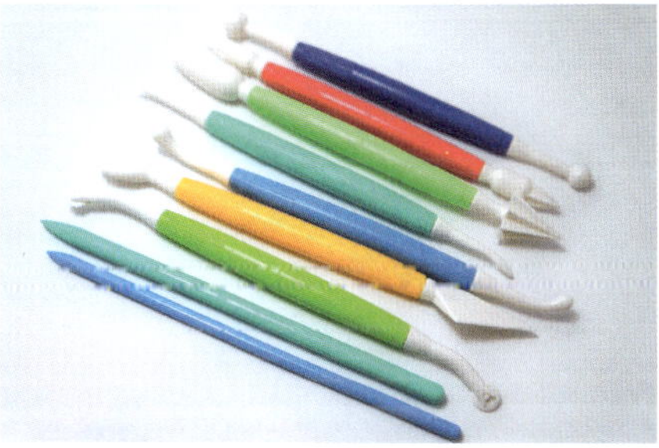

der Modellierstab / die Modellierstäbe
*molding spears for marzipan*

Marzipan modellieren
*to form marzipan*

# Rohstoffe

das Getreide
*grain / cereals*

der Weizen
*wheat*

der Dinkel
*spelt*

der Roggen
*rye*

die Gerste
*barley*

der Hafer
*oat*

der Mais
*corn*

der Reis
*rice*

das Weizenmehl, das Weißmehl / die Weizenmehle, die Weißmehle
*white flour*

das Vollkornmehl / die Vollkornmehle
*wholemeal flour*

4

das Roggenmehl / die Roggenmehle
*rye flour*

das Backschrot
*groats*

das Dinkelmehl / die Dinkelmehle
*spelt flour*

die Stärke
*starch*

4

der blaue Mohn / der weiße Mohn
*blue / white poppy seeds*

der Sesam
*sesame seeds*

die Leinsamen
*linseed / flaxseed*

die Sonnenblumenkerne
*sunflower seeds*

die Kürbiskerne
*pumpkin seeds*

die Chia-Samen
*chia seeds*

die Rosine / die Rosinen
*raisins*

die Sultanine / die Sultaninen
*sultanas*

die Korinthe / die Korinthen
*currants*

die Belegkirsche / die Belegkirschen
*maraschino cherry*

das Orangeat
*candied orange peel*

das Zitronat
*candied citrus peel*

die Mandel / die Mandeln [1]
*almonds*

Mandeln gehobelt [2]
*sliced almonds*

Mandeln gestiftet [3]
*slivered almonds*

Mandeln blanchiert [4]
*blanched almonds*

Mandeln gehackt [5]
*chopped almonds*

Mandeln gemahlen [6]
*ground almonds*

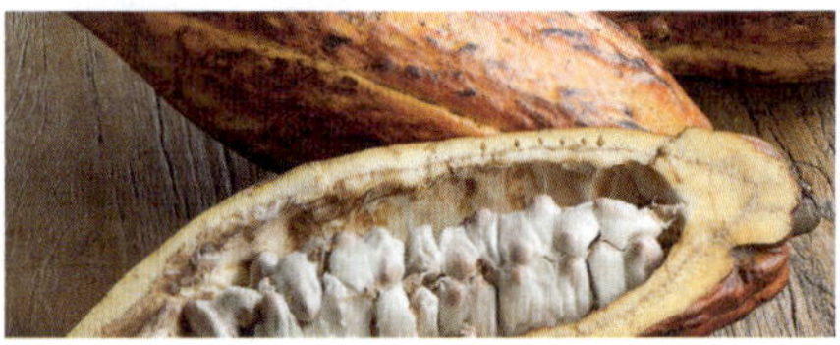

die Kakaofrucht / die Kakaofrüchte
*cocoa fruit*

der Kakao vor und nach der Fermentation
*cocoa before and after fermentation*

die Kakaobutter
*cocoa butter*

das Kakaopulver
*cocoa powder*

die Haselnuss / die Haselnüsse
*hazelnut*

die Walnuss / die Walnüsse
*walnut*

die Cashewnuss / die Cashewnüsse
*cashew nut*

die Erdnuss / die Erdnüsse
*peanut*

die Pistazie / die Pistazien
*pistachio*

die Trockenfrüchte
*dried fruits*

die Butter
*butter*

die Margarine
*margarine*

die Creme-Margarine
*creamed margarine*

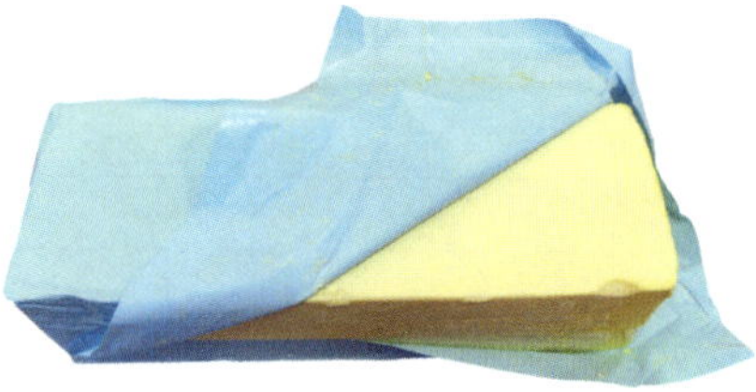

die Backmargarine
*baking margarine*

die Ziehmargarine
*puff paste fat*

das Butterreinfett
*clarified butter*

das Sonnenblumenöl
*sunflower oil*

______________________

das Rapsöl
*rapeseed oil*

______________________

4

das Olivenöl
*olive oil*

______________________

das Siedefett / die Siedefette
*deep-frying fat*

______________________

das Palmfett / die Palmfette
*palm fat*

______________________

das Schmalz
*lard*

______________________

die Hefe / die Hefen
*yeast*

die Flüssighefe / die Flüssighefen
*liquid yeast*

das Natron
*baking soda*

das Backpulver
*baking powder*

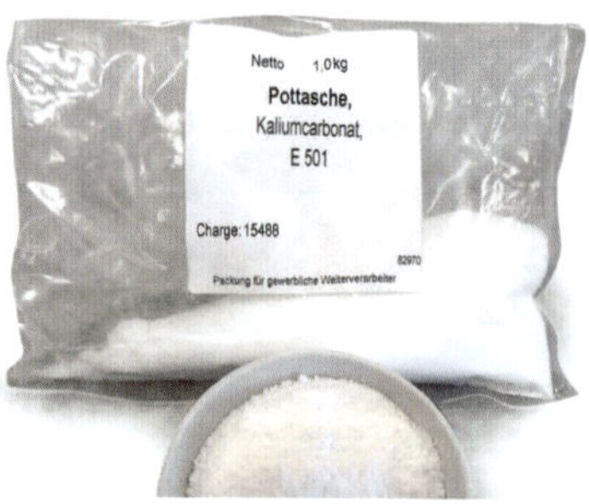


die Pottasche
*potassium bicarbonate*

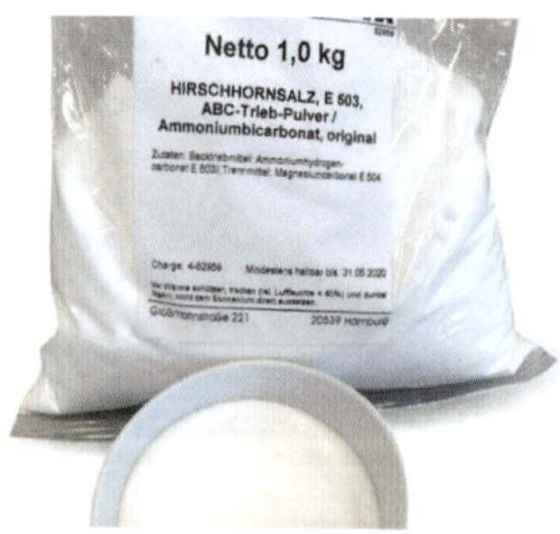


das Hirschhornsalz
*ammonium bicarbonate/baker's ammonia*

der Sauerteig
*sourdough*

1 2

der Weizensauerteig [1] / der Roggensauerteig [2]
*wheat sourdough* / rye sourdough

der Reinzucht-
Sauerteig
*sourdough starter*

der Trockensauer
*dry sour*

das Teigsäuerungsmittel
*dough acidifier*

das Backmittel / die Backmittel
*bread improvers*

die Vollmilch
*whole milk*

die fettarme Milch
*low-fat milk*

die laktosefreie Milch
*lactose-free milk*

die H-Milch
*UHT milk/ homogenised milk*

die Sojamilch
(Milchersatz)
*soy milk*

das Milchpulver
*milk powder*

die geschlagene Sahne
*whipped cream*

die flüssige Schlagsahne
*whipping cream*

die Buttermilch
*buttermilk*

der Joghurt / die Joghurts
*yoghurt*

der Schmand
*sour cream*

der Quark
*curd / quark*

die Crème Fraîche
*crème fraîche*

der Frischkäse
*cream cheese*

4

der Mozzarella
*mozzarella*

der Schafskäse
*sheep cheese/feta*

der Gouda
*gouda cheese*

der Camembert
*camembert*

der geriebene Käse
*grated cheese*

der Parmesan
*parmesan cheese*

4

das Hühnerei / die Hühnereier
*egg*

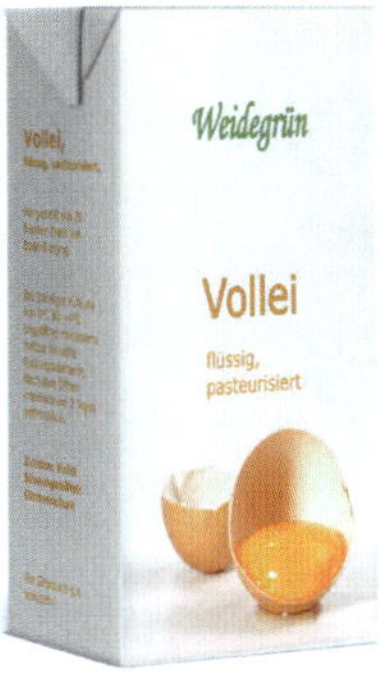


das Vollei
*whole egg*

das Eigelb / die Eigelbe [1]
das Eiweiß / die Eiweiße [2] / das Eiklar
*egg yolk [1] – egg white [2]*

das Eiweißpulver / die Eiweißpulver
*protein powder*

das Cremepulver / Krempulver
*cream pouder*

die Gelatine
*gelatin*

der Zucker
*sugar*

brauner Zucker
*brown sugar*

der Puderzucker/ Staubzucker
*powdered sugar*

der Würfelzucker
*lump sugar*

der Hagelzucker
*hail sugar*

der Kandiszucker (weiß / braun)
*rock candy / candied sugar*

der Invertzuckersirup
*invert sugar syrup*

der Honig
*honey*

die Marmelade / die Marmeladen
*marmalade*

die Konfitüre / die Konfitüren
*jam*

der Süßstoff / die Süßstoffe
*sweetener*

der Rübensirup
*treacle*

das Salz /
die Salze
*salt*

der Pfeffer /
die Pfeffer
*pepper*

die Weihnachtsgewürze
*christmas spices*

1

3

2

Zimtstange [1], Zimt
*cinnamon stick*

Vanilleschote [2]
*vanilla pod*

Nelken [3]
*cloves*

die Brotgewürze
*bread spices*

Anis
*anise*

Fenchel
*fennel*

Kümmel
*caraway*

Koriander
*coriander*

das Marzipan / die Marzipane
*marzipan*

das Persipan / die Persipane
*persipan*

die Kuvertüre (dunkel, hell, weiß) /
die Kuvertüren (dunkel, hell, weiß)
*couverture*

die Fettglasur
*compound chocolate*

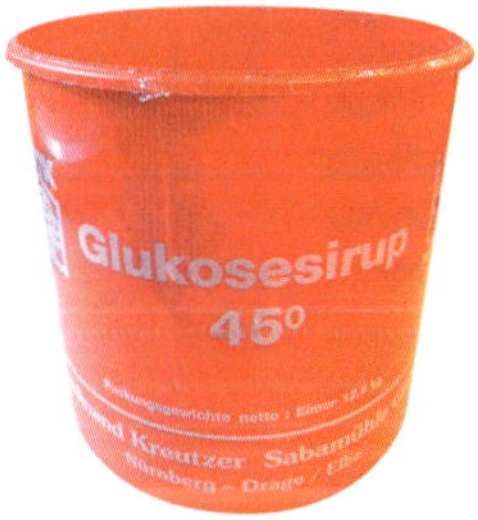


der Glukosesirup / die Glukosesirupe
*glucose syrup*

4

die Kokosflocke / die Kokosflocken
*coconut flakes*

die Schokoladenraspel / die Schokoladenraspeln
*chocolate shavings*

das Schokoladenornament /
die Schokoladenornamente
*chocolate ornaments*

das Krokant
*brittle*

der Apfel / die Äpfel
*apple*

die Birne / die Birnen
*pear*

die Erdbeere / die Erdbeeren
*strawberry*

die Kirsche / die Kirschen
*cherry*

die Zwetschge/Pflaume /
die Zwetschgen/Pflaumen
*plum*

die Banane / die Bananen
*banana*

der Pfirsich
die Pfirsiche
*peach*

die Aprikose /
die Aprikosen
*apricot*

der Rhabarber
*rhubarb*

4

die Orange / die Orangen
die Apfelsine / die Apfelsinen
*orange*

die Zitrone / die Zitronen
*lemon*

die Limette / die Limetten
*lime*

die Johannisbeere / die Johannisbeeren
*red / black currant*

die Himbeere / die Himbeeren
*raspberry*

die Heidelbeere, Blaubeere /
die Heidelbeeren, Blaubeeren
*blueberry*

die Stachelbeere / die Stachelbeeren
*gooseberry*

die Feige / die Feigen
*fig*

die Kiwi / die Kiwis
*kiwi fruit*

die Physalis
*physalis*

die Papaya / die Papayas
*papaya*

die Karambole, die Sternfrucht / die Sternfrüchte
*star fruit/ carambola*

die Kaktusfeige / die Kaktusfeigen
*prickly pear*

die Paprikaschote / die Paprikaschoten
*bell pepper*

die Salatgurke / die Salatgurken
*cucumber*

die Zwiebel / die Zwiebeln
*onion*

die Tomate / die Tomaten
*tomato*

1

2

3

4

das Salatblatt / die Salatblätter [1]
*lettuce leaf*

der Eisbergsalat [2]
*iceberg lettuce*

der Lollo Bionda [3]
*lollo bionda*

der Lollo Rosso [4]
*lollo rosso*

# Arbeitsvorgänge



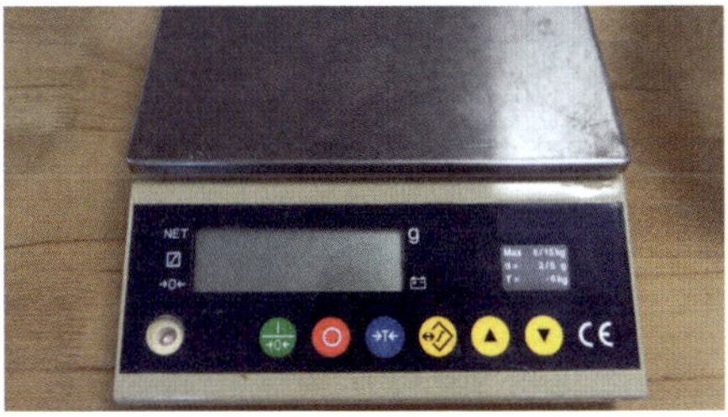

die Digitalwaage / die Digitalwaagen
*digital scale*

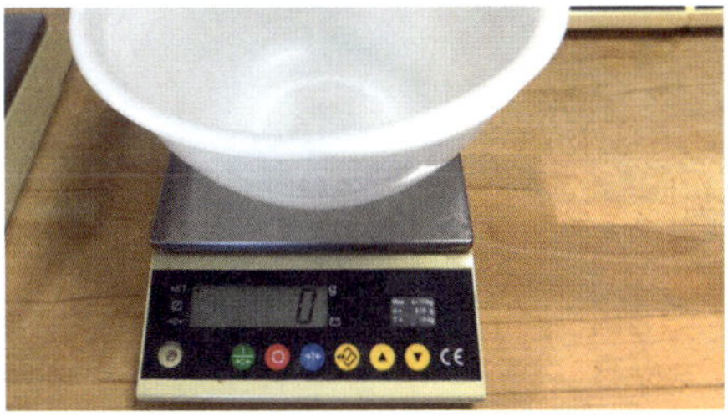

wiegen
*to weigh*

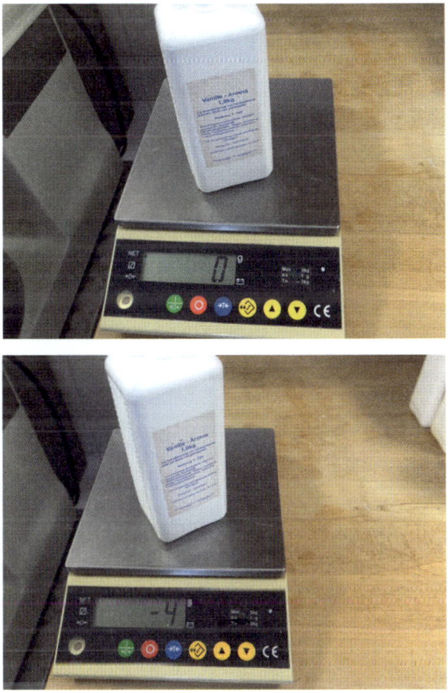

rückwiegen
*to reweigh*

abmessen
*to measure*

5

Teig ausrollen
*to roll out dough*

kneten
*to knead*

mischen
*to mix*

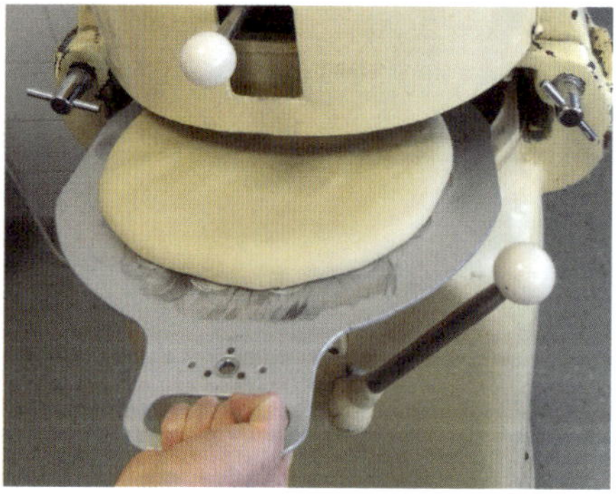

teilen
*to separate / cut*

rundwirken
*to round mould*

langwirken
*to long mould*

Teig mit einem Tuch abdecken
*to cover the dough with a kitchen towel*

______________________________

Teiglinge mit Kippdielen abdecken
*to cover the pieces of dough with a tilting board*

______________________________

die Uhrzeit einstellen
*clock time adjustment*

______________________________

Teigruhe
*dough resting time*

______________________________

flechten
*to plait / braid*

stempeln
*to stamp*

5

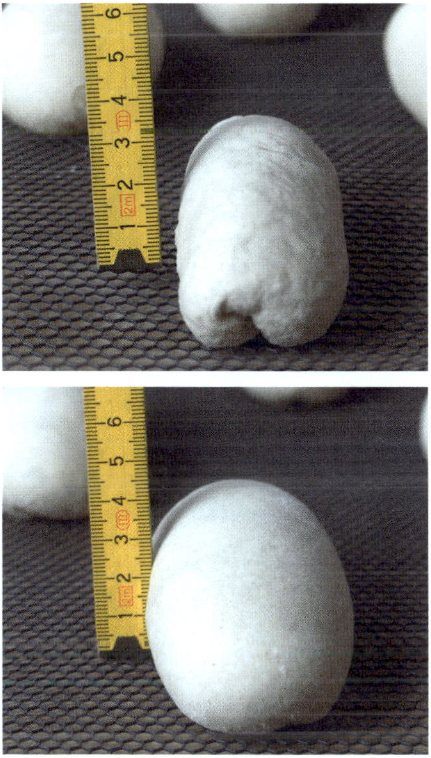

gären lassen
*to ferment*

einschneiden
*to make a cut*

eintauchen in Mohn
*to dip into poppy seeds*

5

der Sauerteig, Zutaten vermengen
*to mix the ingredients for sourdough*

reifer Sauerteig
*matured sourdough starter*

Sauerteig reifen lassen
*to let the sourdough rest*

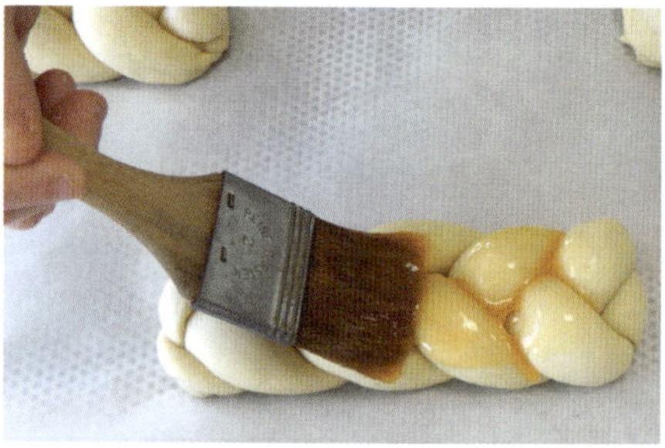

einstreichen mit Ei
*to brush with egg wash*

einstreichen mit Wasser
*to brush with water*

Mürbeteig herstellen
*to prepare short crust pastry*

glattarbeiten
*to smooth*

5

ausrollen
*to roll out*

ausstechen
*to cut out*

abrollen
*to unroll*

aufwickeln
*to wind*

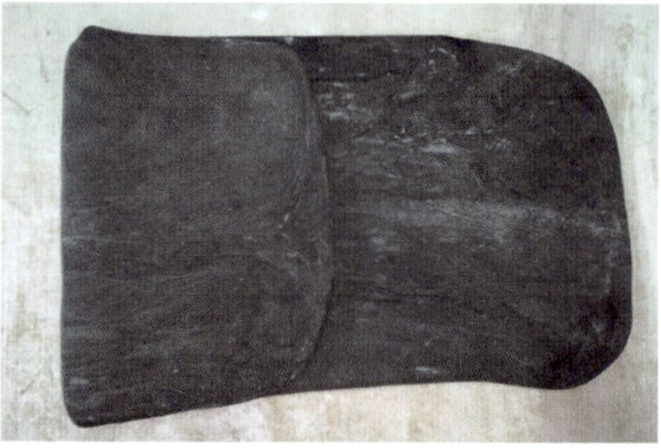

Blätterteig herstellen, tourierter Blätterteig
*to prepare puff pastry*

tourieren
*folding the dough*

Aprikosenkonfitüre erwärmen
*to warm up apricot glaze*

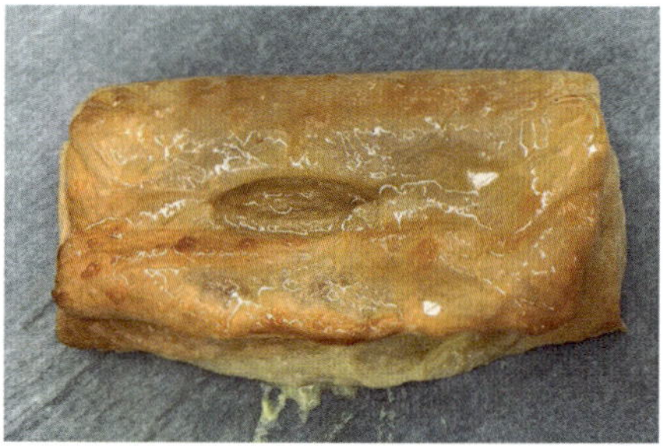

aprikotieren
*to brush with apricot glaze*

glasieren
*to glaze*

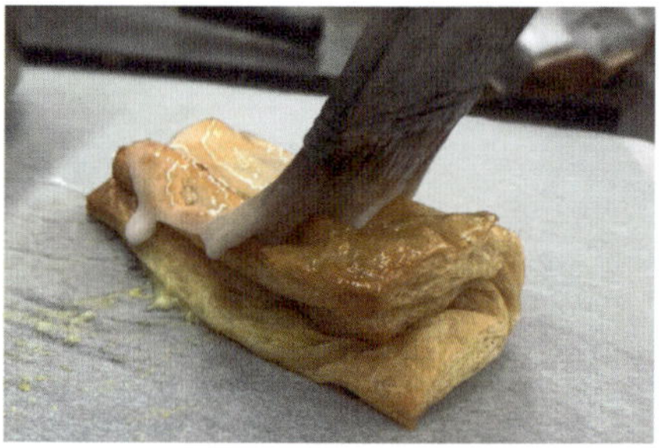

Glasur aufstreichen
*to brush / to spread the glaze*

abrösten
*to roast*

dressieren
*to pipe*

5

Eier trennen
*to seperate eggs*

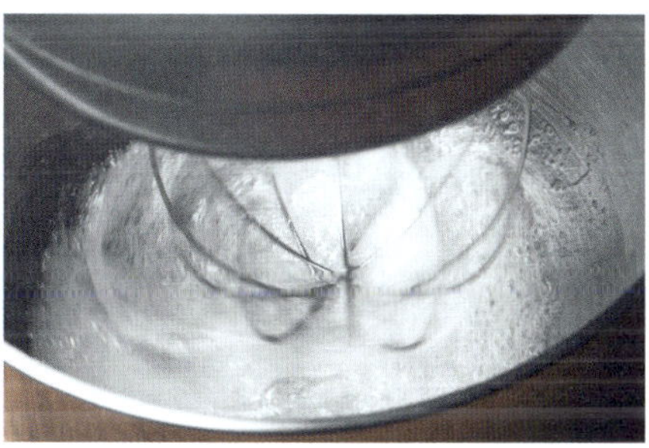

Eischnee aufschlagen
*to beat the egg white*

Eischnee unterheben
*to fold in whipped egg whites*

aufschlagen
*to whip*

Biskuitmasse herstellen, mehlieren
*to prepare sponge dough, to coat with flour*

Rührmasse herstellen, Zutaten mischen
*to mix ingredients*

Creme aufschlagen
*to whip cream / mousse*

Papier abreißen
*to tear off the paper*

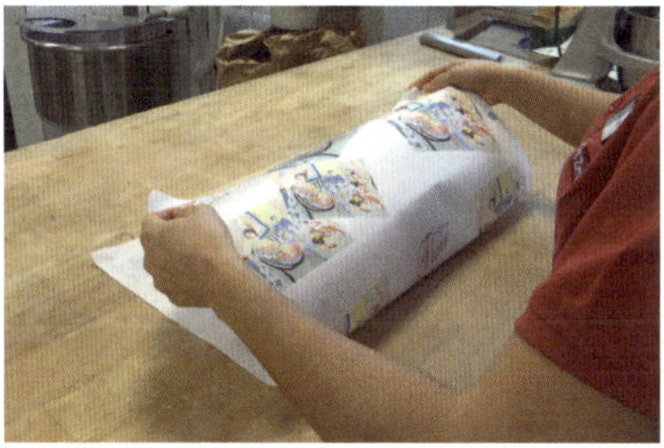

verpacken
*to wrap*

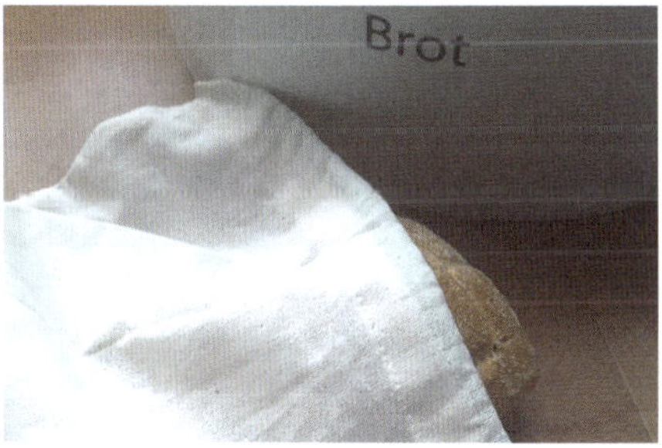


der Brotbeutel / die Brotbeutel (Stoff)
*bakery bag (cloth)*

einschlagen
*to wrap*

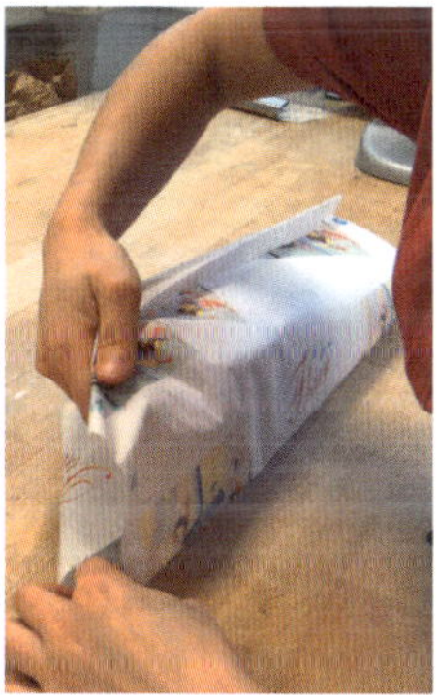

falten
*to fold*

das Hohlpaket / die Hohlpakete
*package with air*

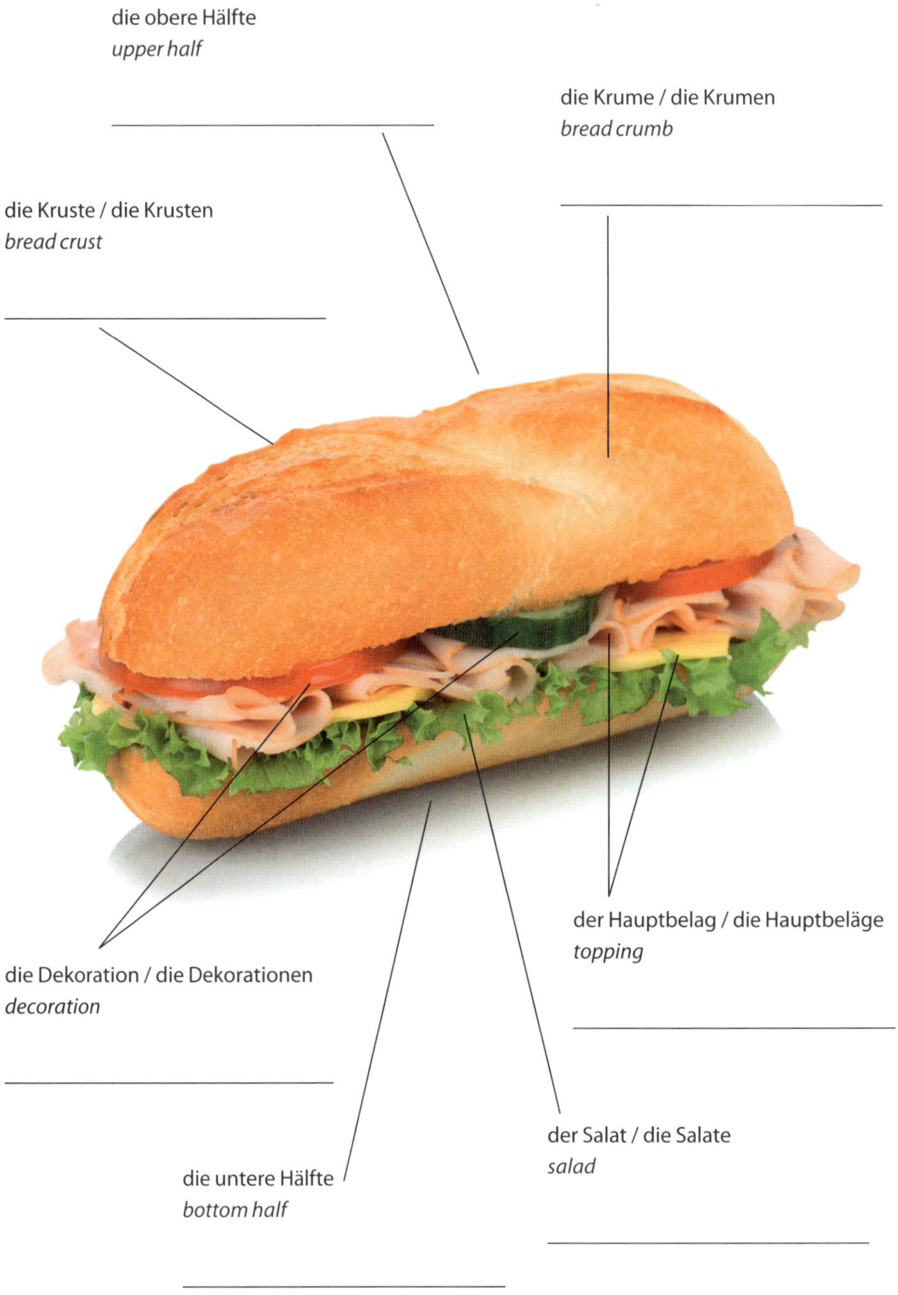
die obere Hälfte
*upper half*
die Krume / die Krumen
*bread crumb*
die Kruste / die Krusten
*bread crust*
der Hauptbelag / die Hauptbeläge
*topping*
die Dekoration / die Dekorationen
*decoration*
der Salat / die Salate
*salad*
die untere Hälfte
*bottom half*

aufschneiden
*to slice*

bestreichen mit Butter
*to spread butter on a roll*

5

belegen mit Wurst
*to arrange cold cuts*

belegen mit Käse
*to arrange sliced cheese*

garnieren, dekorieren
*to garnish*

das halbe belegte Brötchen /
die halben belegten Brötchen
*open-faced sandwich*

die Dekoration / die Dekorationen [1]
*garnish*

der Aufstrich / die Aufstriche [2]
*spread*

der Käsebelag / die Käsebeläge [3]
*cheese topping / slices of cheese*

5

der Schinkenbelag / die Schinkenbeläge [4]
*cold cuts / slices of ham*

der Wurstbelag / die Wurstbeläge [5]
*cold cuts / slices of salami*

legen
*to put*

die Reihe / die Reihen
*row*

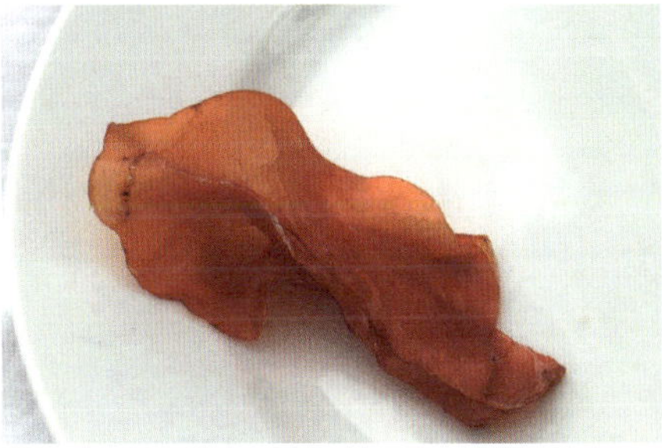

die Welle / die Wellen
*wave*

die Muschel / die Muscheln
*shell*

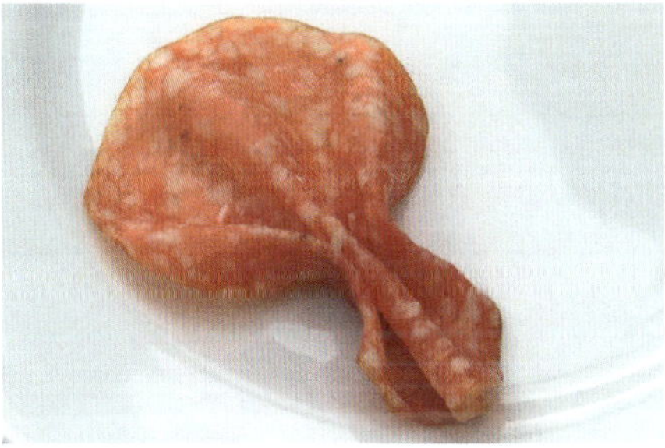

die Rüsche / die Rüschen
*ruffle*

der Aufschnitt
*cold cuts*

5

# Bestellung

Kunde: [1] ______

Anschrift: [2] ______

Tel.: [3] ______

| Menge [4] | Ware [5] | Preis [6] |
|---|---|---|
| | | |
| | | |
| | | |
| | | |
| | | |
| | | |
| | | |
| | | |

Anmerkungen: [7]

______

______

______

Lieferdatum: [8] ______

Uhrzeit: [9] ______

Bestelldatum: [10] ______ Verkäufer/-in: ______

der Kunde / die Kunden [1]
*customer*

die Anschrift / die Anschriften [2]
*address*

die Telefonnummer / die Telefonnummern [3]
*telephone number*

die Menge / die Mengen [4]
*amount*

die Ware / die Waren [5]
*product / goods*

der Preis / die Preise [6]
*price*

die Anmerkung / die Anmerkungen [7]
*comment*

das Lieferdatum / die Lieferdaten [8]
*delivery date*

die Uhrzeit [9]
*delivery time*

das Bestelldatum [10]
*order date*

5

# Rechnungsformular

Aussteller: [1]

___

___

___

Bankverbindung: [7]

___

___

___

Empfänger: [2]

___

___

___

Rechnungsdatum: [3] ___

Kundennummer: [6] ___

Rechnungsnummer: [4] ___

Lieferdatum: [5] ___

| Stückzahl [8] | Artikel [9] | Einzelpreis [10] | Gesamtpreis [11] |
|---|---|---|---|
| | | | |
| | | | |
| | | | |
| | | | |
| | | | |
| | | | |
| | | Bruttorrechnungsbetrag [12] | |
| | | Rabatt % [13] | |
| | | Rabatt in EUR | |
| | | Mehrwertsteuer % [14] | |
| | | Mehrwertsteuer in EUR | |
| | | Nettorechnungsbetrag [15] | |
| | | Rechnungsbetrag [16] | |

Zahlungsbedingungen: [17] ___

der Rechnungssteller / die Rechnungssteller [1]
*invoicer/invoicing party*

der Empfänger / die Empfänger [2]
*recipient*

das Rechnungsdatum / die Rechnungsdaten [3]
*invoice date*

die Rechnungsnummer / die Rechnungsnummern [4]
*invoice number*

das Lieferdatum / die Lieferdaten [5]
*delivery date*

die Kundennummer / die Kundennummern [6]
*customer ID*

die Bankverbindung [7]
*bank details*

die Stückzahl / die Stückzahlen [8]
*quantity*

der Artikel / die Artikel [9]
*product*

der Einzelpreis / die Einzelpreise [10]
*individual price*

der Gesamtpreis [11]
*total price*

der Bruttorechnungsbetrag / die Bruttorechnungsbeträge [12]
*gross invoice amount*

der Rabatt [13]
*discount*

die Mehrwertsteuer / die Mehrwertsteuern [14]
*value added tax*

der Nettorechnungsbetrag [15]
*net invoice amount*

der Rechnungsbetrag / die Rechnungsbeträge [16]
*invoice amount*

die Zahlungsbedingungen [17]
*payment terms*

5

der Tortenentwurf / die Tortenentwürfe
*sketch for a layer cake*

der Schriftring / die Schriftringe
*hand writing decoration ring*

der Formtortenentwurf /
die Formtortenentwürfe
*sketch for a non round cake*

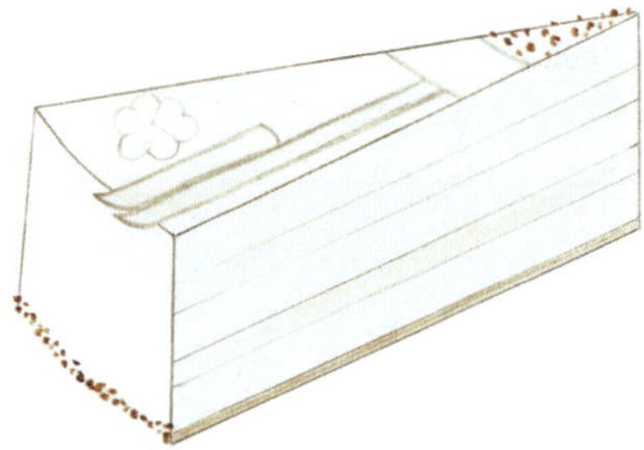

ein Stück Torte
*slice of cake/gateau*

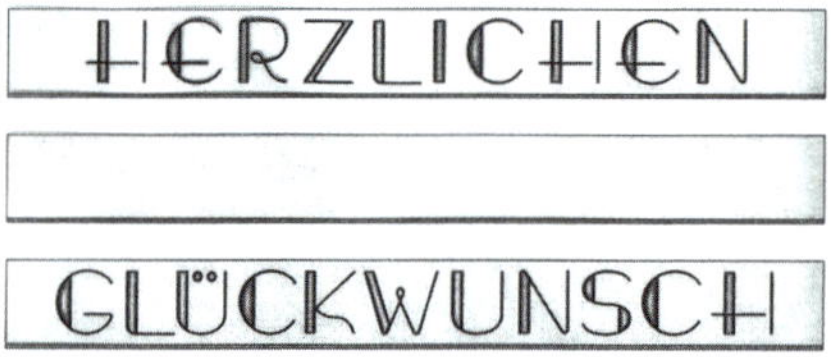


das Schriftschild/Schriftband
*handwriting ring (on marzipan)*

der Tortenaufbau
*build-up of a layer cake/gateau*

Torte im Schnitt
*section view*

Torte anschneiden
*to cut the cake*

Mürbeteigboden aprikotieren
*to brush a short crust cake bottom with apricot glaze*

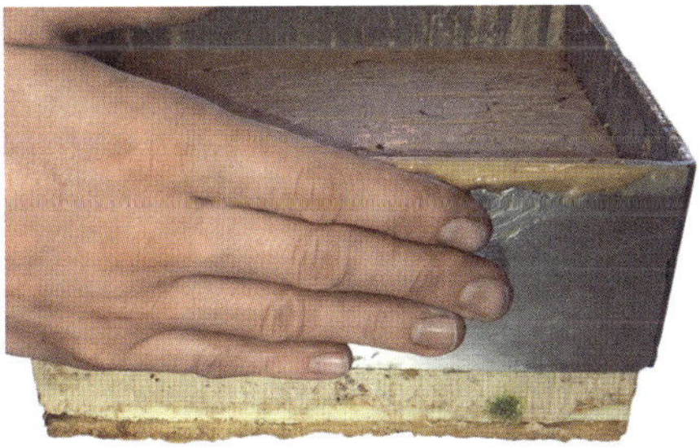

Torte aus dem Ring lösen
*to remove a layer cake/gateau from the cake ring*

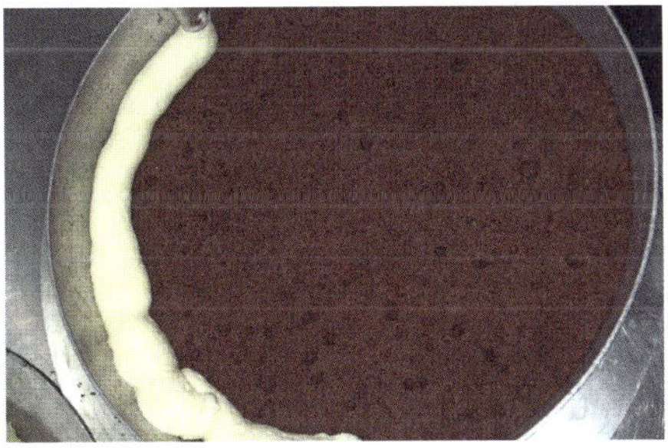

Torte einsetzen
*to assemble a layer cake*

Torte einstreichen
*to crump coat a layer cake*

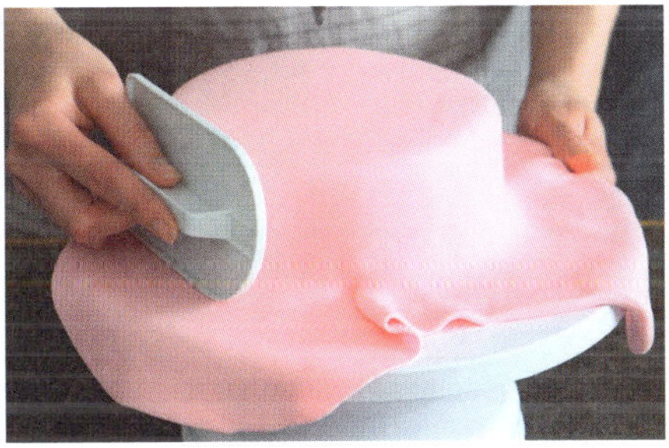

Torte eindecken
*to cover a layer cake, gateau*

5

Tortenrand abziehen, glatt
*to smooth the cake sides*

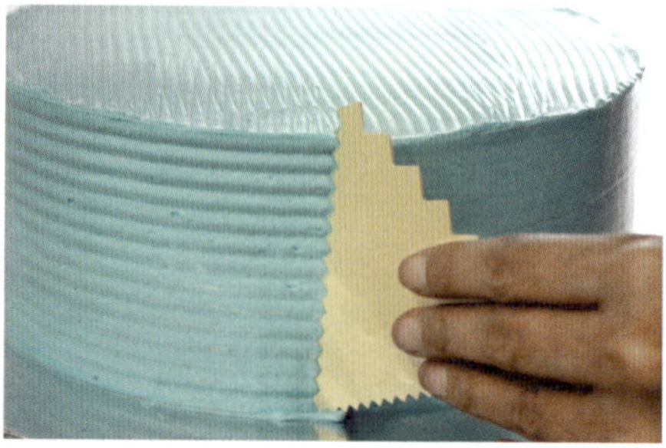

Tortenrand abziehen, gezackt
*to scrape the cake sides*

die Randgarnierung
*rim decoration*

Torte ausgarnieren
*to decorate a layer cake, gateau*

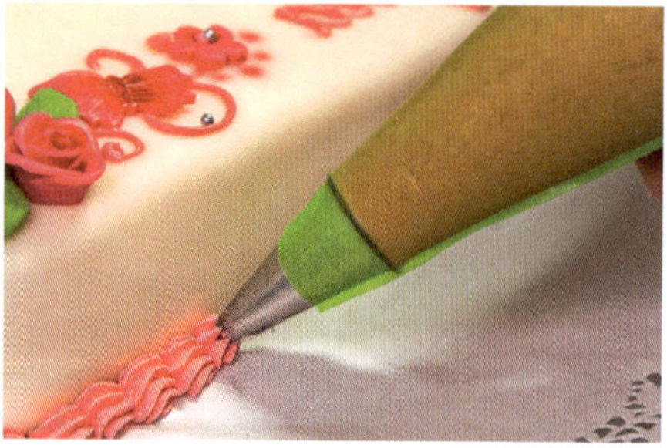

garnieren mit einem Spritzbeutel
*to pipe/decorate with an icing bag*

garnieren mit einer Spritztüte
*to pipe with a paper decoration cone*

Zucker kochen
*to cook sugar*

Zucker gießen
*to pour (cooked) sugar*

der Spinnzucker
*spinning sugar*

Zucker blasen
*to blow (cooked) sugar*

Zucker schminken mit Pinsel
*to decorate sugar with a brush*

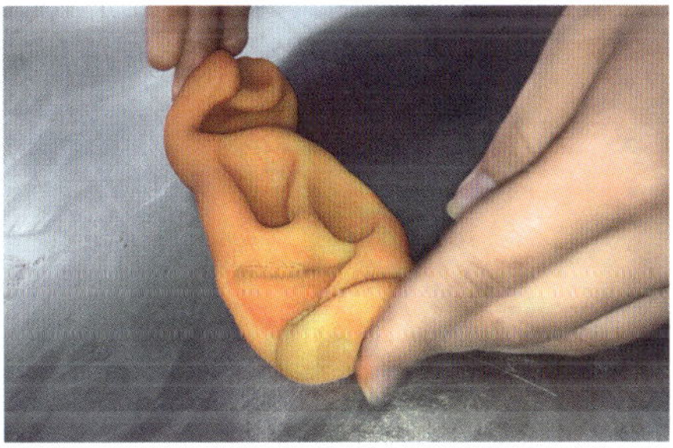

Marzipan einfärben
*to colour marzipan*

Marzipan rollen
*to roll marzipan*

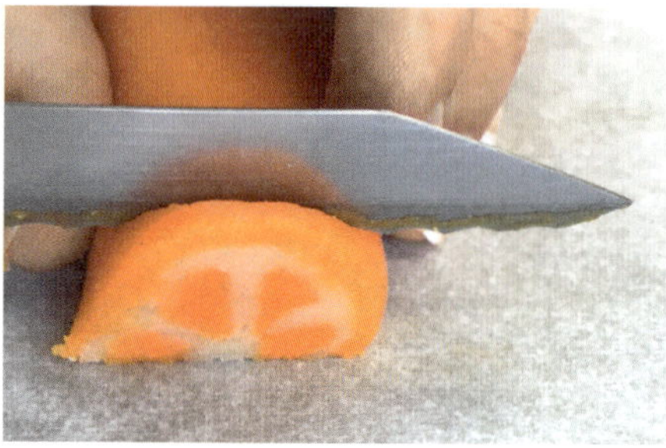

Marzipan schneiden
*to cut marzipan*

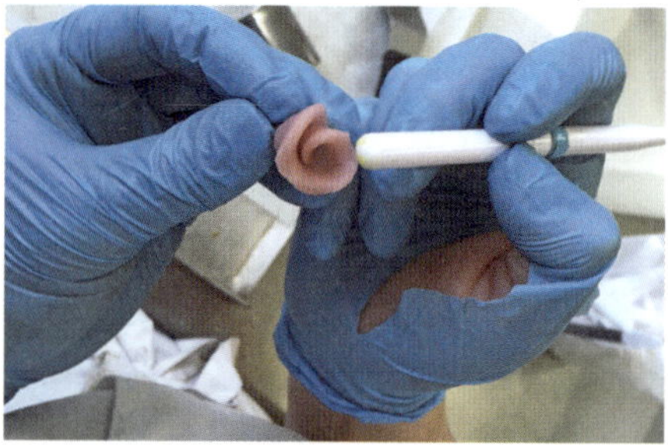

Marzipan formen
*to form/mould marzipan*

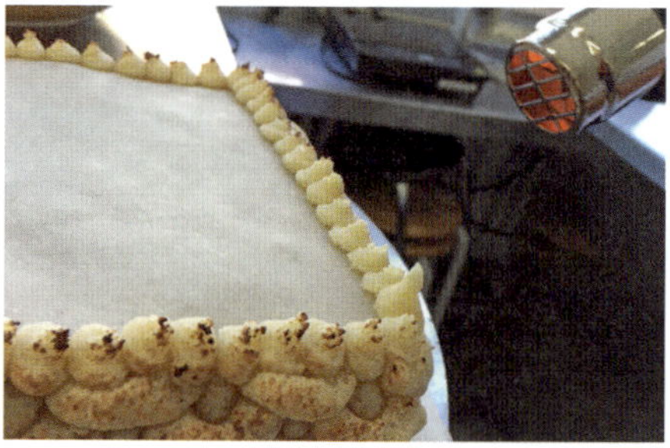

abflämmen
*to caramelize the surface of marzipan*

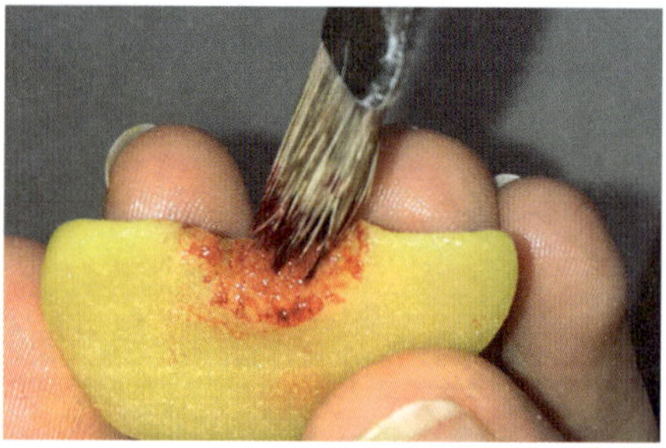

Marzipan schminken mit Pinsel
*to paint marzipan with a brush*

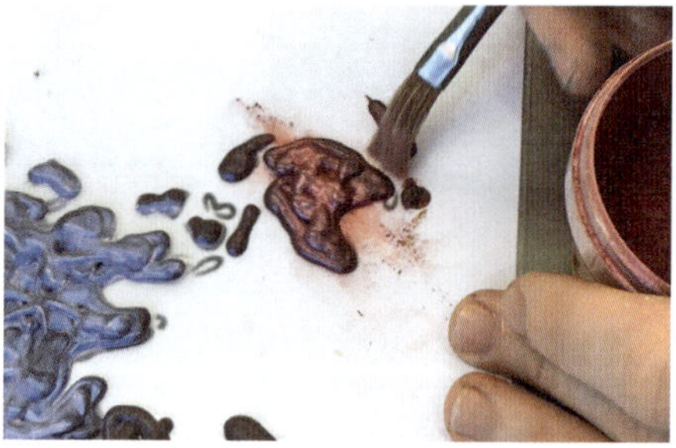

Kuvertüre schminken
*to paint / colour couverture*

Kuvertüre im Wasserbad auflösen
*to melt couverture chocolate*

Kuvertüre verarbeiten
*to coat with couverture chocolate*

Pralinen füllen
*to fill pralinés*

Pralinen überziehen
*to cover pralinés with chocolate*

Schnitt durch eine Praline
*section view of a praliné*

Kuvertüreornamente aufspritzen
*to prepare couverture chocolate ornaments*

5

Silikonkautschukform für Marzipan bereitlegen
*to place silicone mould for marzipan cakes onto the worktop*

Marzipan eindrücken
*to press marzipan into the pan*

Boden glatt rollen
*to roll out the marzipan evenly*

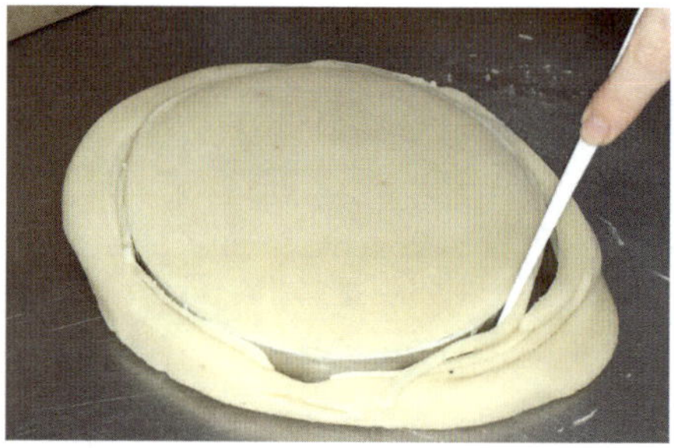

Rand ablösen
*to remove excess the marzipan*

Torte herausdrücken
*to remove the cake/gateau from the pan*

Marzipantorte, roh
*marzipan cake, raw*

Marzipan abflämmen unter dem Salamander
*to caramelize the top/surface of marzipan under a salamander*

fertige Marzipantorte
*finished marzipan cake*

Torte in Kuvertüre absetzen
*to dip into couverture chocolate*

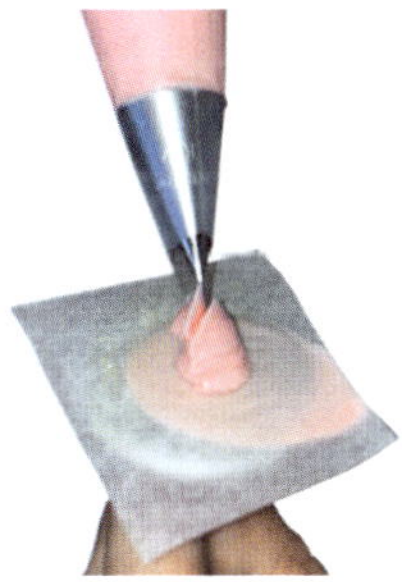

Ansatz einer Rose aus Buttercreme formen
*buttercream rose: to shape the deposit*

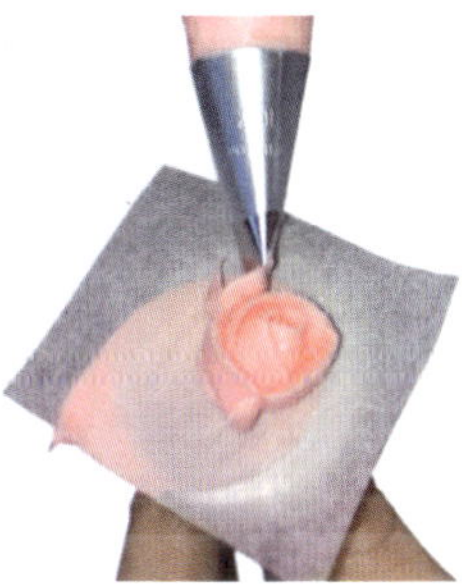

Blüte aufdressieren (Buttercreme)
*buttercream rose: to decorate the blossom*

Rose fertigstellen (Buttercreme)
*buttercream rose: to finish the rose*

der Kunde / die Kunden
*the customer*

begrüßen
*to welcome the customer*

verabschieden
*to say good bye to the customer*

anbieten
*showing the products on offer*

beraten
*advising a customer*

das Brot aus dem Regal nehmen
*to take a loaf of bread from the shelf*

Brot verpacken
*to wrap baked goods*

Backwaren reichen
*to give the customer his purchase*

den Tresen herrichten
*to present the products into display counter*

die Brote einräumen
*to arrange the products on the shelves*

die Hinweise auf Allergene / hinweisen
*informations about allergens*

die Reklamation / reklamieren
*the complaint / to make a complaint*

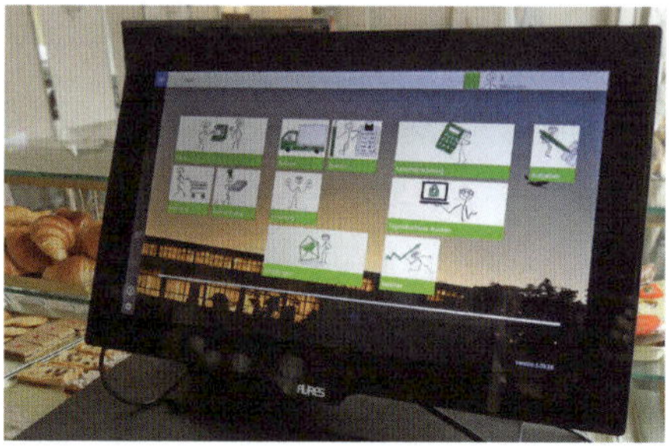

das Display
*the display*

kassieren
*to collect the money*

das Rückgeld ausgeben
*to return the change*

den Kassenbon übergeben – das ist Pflicht
*to give the tin receipt to the customer – it's compulsory*

die Quittung / die Quittungen
*receipt*

die Bestellung / die Bestellungen
*order*

die Spülmaschine einräumen
*to load the dishwasher*

ein Plakat schreiben
*to write / design a poster / placard*

5

das Geschirr im Tablettwagen sammeln
*to collect dishes in the tray trolley*

Kaffee einschenken
*to pour the coffee*

servieren
*to serve*

Tisch abwischen
*to clean / wipe the table*

die Backwaren
*baked goods*

das Weißbrot, Weizenbrot / die Weißbrote, Weizenbrote
*white bread*

das Toastbrot / die Toastbrote
*sandwich bread*

das Baguette / die Baguettes
*baguette/french bread*

das Roggenbrot / die Roggenbrote
*rye bread*

das Vollkornbrot / die Vollkornbrote
*wholemeal bread*

das Ciabatta / die Ciabattas
*ciabatta*

das Fladenbrot / die Fladenbrote
*turkish traditional flatbread*

6

das Holzofenbrot / die Holzofenbrote
*wood bread from a wood-fired oven*

das Gersterbrot / die Gersterbrote

der Pumpernickel
*pumpernickel*

das Knäckebrot / die Knäckebrote
*crispbread*

6

die Schnittschrippe, das Schnittbrötchen /
die Schnittschrippen, Schnittbrötchen
*white split roll*

die Einschlagschrippe, das Einschlagbrötchen /
die Einschlagschrippen, Einschlagbrötchen

das Sesambrötchen / Mohnbrötchen /
die Sesambrötchen / Mohnbröchen
*sesame seed roll / poppy seed roll*

das (Hamburger) Rundstück / die Rundstücke

das Kaiserbrötchen, die Kaisersemmel /
die Kaiserbrötchen
*kaiser bun/roll*

das Rosenbrötchen / die Rosenbrötchen
*rose bun/roll*

der Einstrangzopf / die Einstrangzöpfe
*plaited bread loaf*

der Knoten / die Knoten
*knot*

6

das Milchbrötchen / die Milchbrötchen
*sweet milk bread*

die Laugenbrezel / die Laugenbrezeln
*lye pretzel*

das Laugenbrötchen / die Laugenbrötchen
*pretzel bun*

die Laugenstange / die Laugenstangen
*pretzel stick*

die Laugenkastanie / die Laugenkastanien / das Laugenkonfekt
*pretzel pastry*

der Mürbkeks / die Mürbkekse
*biscuit / cookie*

der Spekulatius / die Spekulatius
*spiced biscuits*

6

das Spritzgebäck
*spritz biscuits*

der Hanseat / die Hanseaten

das Anisplätzchen / die Anisplätzchen
*aniseed biscuits*

der Löffelbiskuit / die Löffelbiskuits
*sponge finger*

das Ochsenauge / die Ochsenaugen

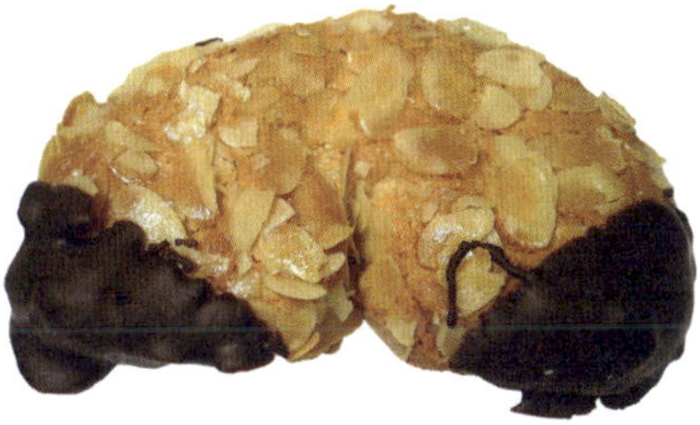

das Mandelhörnchen / die Mandelhörnchen
*almond horn*

die Kokosmakrone / die Kokosmakronen
*coconut macaroon*

der Zimtstern / die Zimtsterne
*star shaped cinnamon biscuits*

das Florentiner / die Florentiner
*florentine*

die Nussecke / die Nussecken
*nut wedge*

das gestanzte und abgeflämmte Königsberger Marzipan
*marzipan Koenigsberg style*

6

der Stollen / die Stollen
*stollen*

der Mohnstollen /
die Mohnstollen
*poppy seed stollen*

der Nussstollen /
die Nussstollen
*nut stollen*

der Marzipanstollen / die Marzipanstollen
*marzipan stollen*

das Stollenkonfekt
*stollen biscuits*

der Gugelhupf
*bundt cake*

der Panettone / die Panettone

der Berliner, der Pfannkuchen, der Krapfen, die Kreppel / die Berliner, die Pfannkuchen, die Krapfen, die Kreppel
*jelly / jam filled doughnut*

der Donut / die Donuts
*doughnut*

6

der Ausgezogene / die Augezogenen

das Quarkbällchen / die Quarkbällchen

die Mutzenmandel / die Mutzenmandeln

der Spritzring / die Spritzringe
*french cruller*

die Lebkuchenfigur / die Lebkuchenfiguren
*gingerbread man*

der Elisenlebkuchen / die Elisenlebkuchen

der Honigkuchen / die Honigkuchen
*gingerbread*

der Dominostein / die Dominosteine

die Printe / die Printen

die Pfeffernuss / die Pfeffernüsse
*german peppernuts*

das Croissant / die Croissants
*croissant*

das Dänische (Brötchen) / die Dänischen (Brötchen)
*danish roll*

das Plundergebäck, Kopenhagener / die Plundergebäcke, Kopenhagener
*danish pastry*

die Vanillebrezel / die Vanillebrezeln
*sweet pretzel with vanilla filling*

das Franzbrötchen / die Franzbrötchen

die Nussschnecke / die Nussschnecken
*nut roll*

die Pastete / die Pasteten
*filled pasty*

das Schweineohr / die Schweineohren
*palmier*

die Schillerlocke / die Schillerlocken
*puff pastry cream horn*

die Blätterteigschnecke / die Blätterteig-schnecken
*puff pastry snail*

das Teeblatt /die Teeblätter
*tea leaf*

die Käsestange / die Käsestangen
*cheese straw*

die überbackene Laugenstange / die überbackenen Laugenstangen
*gratinated pretzel stick*

der Baiser / die Baisers
*meringue*

die Eiswaffel / die Eiswaffeln
*cone / cornet*

6

der Windbeutel / die Windbeutel
*cream puff*

das Eclair / die Eclairs
*eclair*

der Strudel / die Strudel
*apple strudel*

der Weckmann, der Stutenkerl /
die Weckmänner, die Stutenkerle

der Sandkuchen / die Sandkuchen
*pound cake*

der Marmorkuchen / die Marmorkuchen
*marble cake*

6

der Blechkuchen *sheet cake*

der Bienenstich / die Bienenstiche
*german bee sting cake*

der Pflaumenkuchen / die Pflaumenkuchen
*plum cake*

der Butterkuchen / die Butterkuchen
*german butter sheet cake*

der Streuselkuchen / die Streuselkuchen
*crumb cake*

der Biskuitboden / die Biskuitböden
*sponge cake base*

der Tortenboden / die Tortenböden
*flan case*

6

die Biskuitkapsel / die Biskuitkapseln
*tray cake sheet*

die Roulade / die Rouladen
*swiss roll*

der Mürbeteigboden / die Mürbeteigböden
*shortcrust base*

der Blätterteigboden / die Blätterteigböden
*puff pastry base*

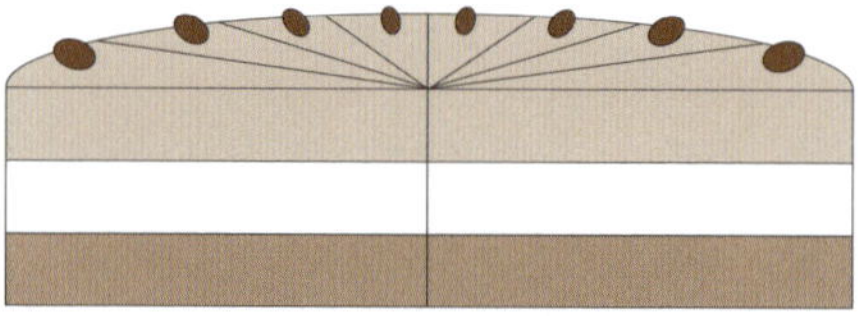

die Anschnitttorte
*end bit gateau / tart*

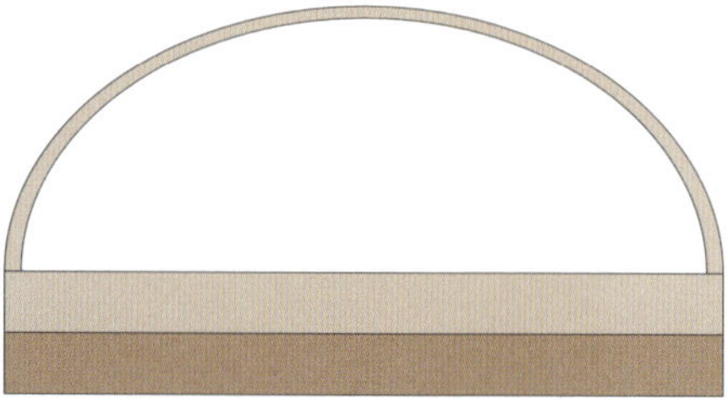

die Kuppeltorte
*dome shaped gateau / tart*

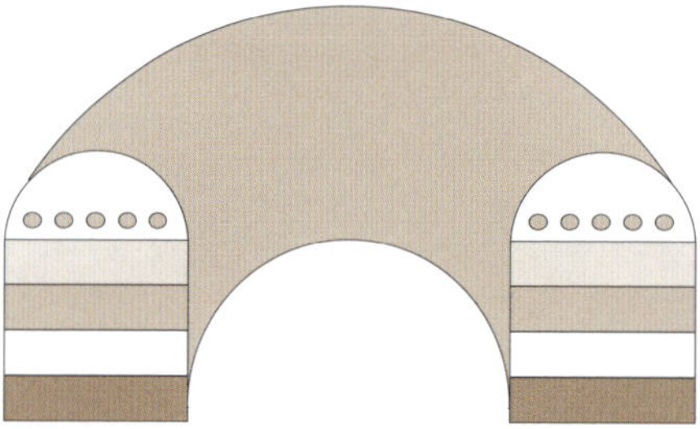

die Ring- oder Kranztorte
*wreath or ring gateau / tart*

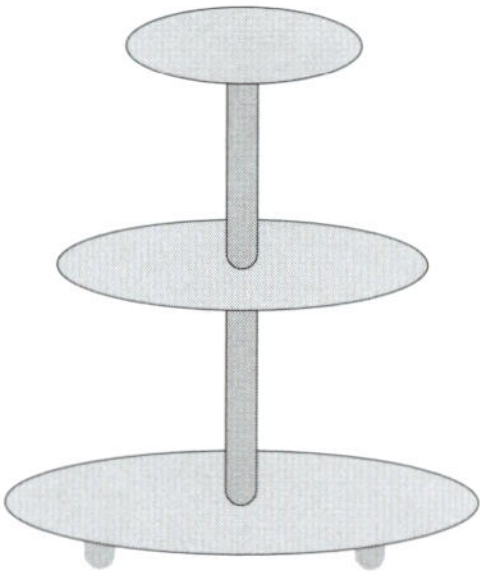

die Etagentorte
*gateau / tart with different storeys*

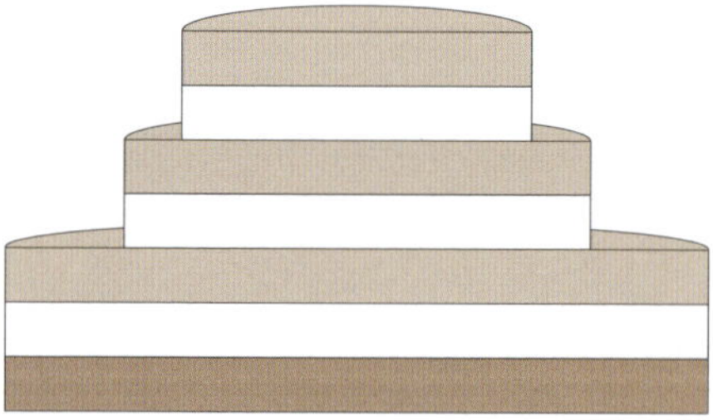

die Aufsatztorte
*a gateau / tart with a top decoration made from chocolate / marzipan*

die Motivtorte
*a garteau / tart with a special theme*

Kakaomalerei
*cocoa printing*

die Käse-Sahnetorte / die Käse-Sahnetorten
*cream cheese and yoghurt cake*

6

die Schwarzwälder-Kirschtorte /
die Schwarzwälder-Kirschtorten
*black-forest-gateau*

die Obsttorte / die Obsttorten
*fruit gateau*

die Erdbeersahnetorte / die Erdbeersahnetorten
*layer cake with strawberry and cream*

die Lübecker Nusstorte /
die Lübecker Nusstorten

die Fürst-Pückler-Torte / die Fürst-Pückler-Torten
*neapolitan cake*

die Baisertorte / die Baisertorten
*meringe cake*

die Charlotte / die Charlotten

die Schokoladensahnetorte /
die Schokoladensahnetorten
*chocolate gateau*

die Holländer-Kirsch-Torte /
die Holländer-Kirsch-Torten

die Flocken-Sahnetorte /
die Flocken-Sahnetorten

die Erdbeersahneroulade /
die Erdbeersahnerouladen
*strawberry and cream swiss roll*

die Sahneschnitte / die Sahneschnitten
*cream cake slice*

das Cremedessert / die Cremedesserts
*cream dessert*

der Brownie / die Brownies
*brownie*

das Petit Four / die Petits Fours
*petit four*

der Mohrenkopf / die Mohrenköpfe

der Frankfurter Kranz / die Frankurter Kränze
*frankfurt crown cake*

die Schokoladen-Cremetorte / die Schokoladen-Cremetorten
*chocolate cream gateau*

die Prinzregenten-Torte / die Prinzregenten-torten

die Creme-Schnitte / die Creme-Schnitten

die Herrentorte / die Herrentorten

die Donauwelle / die Donauwellen

die Linzer Torte / die Linzer Torten
*linzer tart*

die Spanische Vanilletorte /
die Spanische Vanilletorten

der gebackene Käsekuchen /
die gebackenen Käsekuchen
*german baked cheesecake*

der Karottenkuchen, Rüblikuchen /
die Karottenkuchen, Rüblikuchen
*carrot cake*

die Sachertorte / die Sachertorten

der Baumkuchen / die Baumkuchen

der Apfelstrudel / die Apfelstrudel
*apple strudel*

das Tiramisu
*tiramisu*

die Panna Cotta
*panna cotta*

die Weincreme / die Weincremes
*wine cream*

die Mousse / die Mousse
*mousse*

die Rote Grütze
*red fruit jelly / compote*

das halbe belegte Brötchen /
die halben belegten Brötchen
*half a roll with topping*

das belegte Brötchen (ganz)
*filled sandwich*

das belegte Fladenbrot /
die belegten Fladenbrote
*filled turkish flatbread*

der Wrap / die Wraps
*wrap*

das Käse-Schinken-Croissant /
die Käse-Schinken-Croissants
*croissant filled with ham and cheese*

die Pizza / die Pizza
*pizza*

6

der Auflauf / die Aufläufe
*casserole*

die Suppe /die Suppen
*soup*

6

der Zwiebelkuchen / die Zwiebelkuchen
*onion cake*

die Quiche
*quiche*

der Salat / die Salate
*salad*

das Brot als Beilage
*bread as a side dish*

der Eiskaffee / die Eiskaffees
*iced coffee*

die Eisschokolade / die Eisschokoladen
*iced chocolate*

der Eisbecher / die Eisbecher
*sundae*

die Eisbombe / die Eisbomben
*ice cream bomb*

das Cassataeis
*cassata*

die Eistorte / die Eistorten
*ice cream cake*

das Mineralwasser /
die Mineralwässer
*mineral water still / sparkling*

der Saft (Apfel) /
die Säfte (Apfel)
*juice*

die Apfelschorle
*apple spritzer*

der Smoothie /
die Smoothies
*smoothie*

die Limonade / die Limonaden
*lemonade*

der Tee / die Tees
*tea*

die Heiße Schokolade / die Heißen Schokoladen
*hot chocolate*

der Filterkaffee / die Filterkaffees
*filter coffee*

der Kaffee Crema / die Kaffee Crema
*coffee crema*

der Milchschaum
*frothy milk*

der Cappuccino / die Capuccini
*cappuccino*

der Milchkaffee / die Milchkaffees
*café au lait*

der Latte Macchiato / die Latte Macchiatos
*latte macchiato*

der Espresso / die Espressos / Espressi
*espresso*

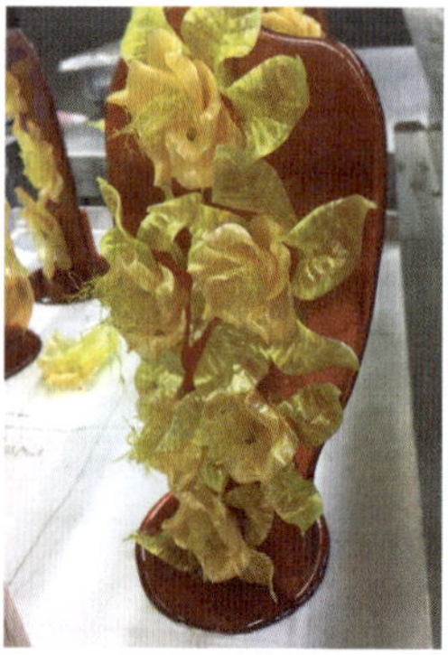

das Zucker-
schaustück /
die Zucker-
schaustücke
*show piece from sugar*

die geblasene Frucht aus Zucker / die geblasenen Früchte aus Zucker
*fruits from blown sugar*

die Praline / die Pralinen
*pralinés*

das Kuvertüreschaustück / die Kuvertüreschaustücke
*show piece from chocolate*

die Kuvertüreschale / die Kuvertüreschalen
*couverture bowl*

das Macaron / die Macarons
*macaroon*

# Lagerung und Räume

das Kunden-WC
*customer toilet*

das Gäste-WC
*guest toilet*

der Sozialraum/der Pausenraum/
der Aufenthaltsraum
*staffroom*

das Mehlsilo
*floursilo*

das Trockenlager / die Trockenläger
*dry storage (room)*

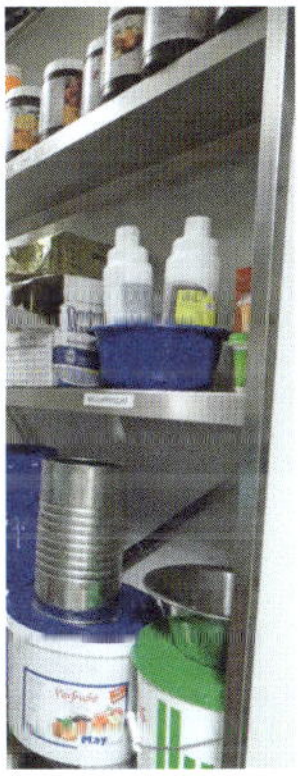

der Kühlraum /
die Kühlräume
*cold storage (room)*

der Kühlschrank / die Kühlschränke
*refridgerator, fridge*

der Tiefkühlraum / die Tiefkühlräume
*deep-freeze (room)*

die Schneebildung auf gefrorenen Erdbeeren
*snow formation on frozen strawberrys*

das Lieferfahrzeug / die Lieferfahrzeuge
*van, panel truck*

der Lieferant / die Lieferanten
*supplier*

die Warenannahme / die Warenannahmen
*receipt of goods*

die Wareneingangskontrolle / die Wareneingangskontrollen
*incoming inspection*

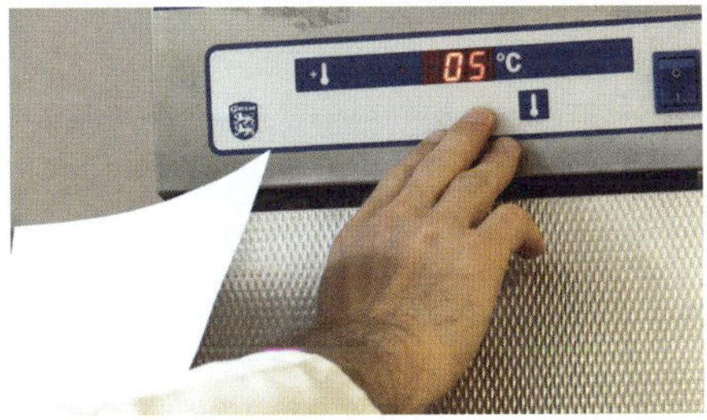


die Temperaturkontrolle / die Temperaturkontrollen
*temperature control*

die Sichtkontrolle / die Sichtkontrollen
*visual inspection*

das Gefahrstofflager / die Gefahrstofflager
*hazardous material storage*

die Mülltrennung
*waste separation*

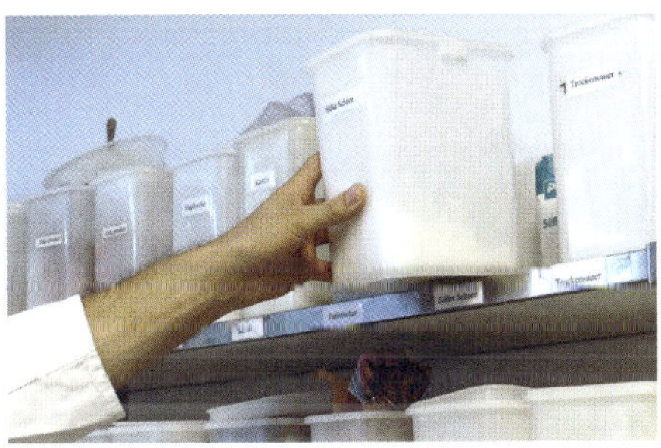

das Einsortieren
*to sort*

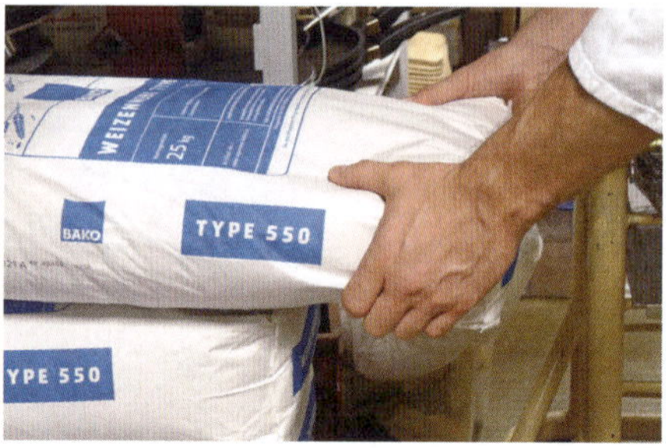


die Entnahme / die Entnahmen
*removal, taking out*

---

das Umfüllen
*to transfer into another container*

---

der Lieferschein / die Lieferscheine
*delivery note*

---

die Rechnung / die Rechnungen
*invoice*

---

die Unterschrift / die Unterschriften
*signature*

---

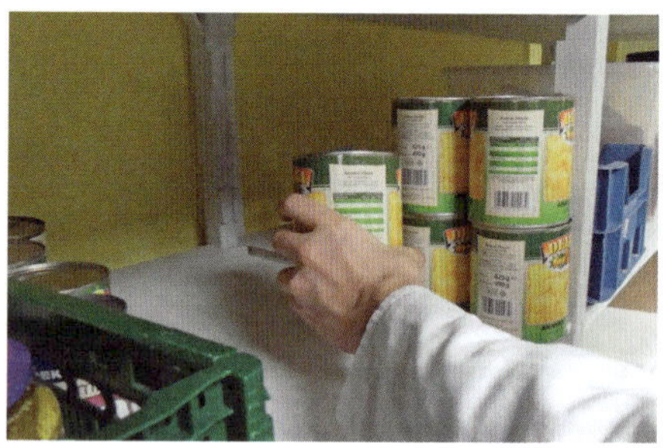

Nach Daten und Frische einsortieren
*First In First Out*

---

der Brotschimmel
*(bread)mould*

die verschimmelten Kirschen
*mouldy cherries*

die verschimmelten Zitronen
*mouldy lemons*

die Schwarzfäule bei Möhren
*black rot on carrots*

Bombage
*bombage*

der Gebäckverderb
*pastries spoilage*

die Dörrobstmotte / die Dörrobstmotten
*dried fruit moth*

die Maus / die Mäuse
*mouse*

die Ratte / die Ratten
*rat*

die Staublaus / die Staubläuse
*psocid*

die Mehlmotte / die Mehlmotten
*flour moth*

der Mehlkäfer / die Mehlkäfer
*flour beetle*

# Beispiele für Sätze und Fragen

## examples for sentences and questions

Guten Morgen.

*Good morning.*

Guten Tag.

*Good afternoon.*

Guten Abend,

*Good evening.*

Auf Wiedersehen – bis morgen.

*Good bye – see you tomorrow.*

Was darf es sein? Was kann ich für Sie tun?

*What can I do for you?*

Was kann ich Ihnen bringen?

*What can I get you?*

Was hätten Sie gern? Was möchten Sie bestellen? Was wünschen Sie?

*What would you like to have/order?*

Vielen Dank für die Bestellung!

*Thank you for your order!*

Kann ich schon abräumen?

*Can I clear this away? Can I take this? Have you finished?*

Wann beginnt die Arbeit?

*What time does work start?*

Wann beginnt meine Schicht?

*When does my shift start?*

Was soll ich anziehen?

*What should I wear?*

Wo kann ich mich umziehen?

*Where can I get changed?*

Ich ziehe mich um.

*I'll get changed.*

Das ist die Arbeitskleidung.

*These are the work clothes.*

Ich fühle mich nicht gut./Ich bin krank.

*I don't feel very well./I'm sick.*

Ich arbeite bis 18 Uhr und habe dann Feierabend.

*I work until 6pm. After that I'm off.*

Soll ich morgen wieder kommen?

*Would you like me to come back tomorrow?*

Ich gehe nach Hause.

*I go home./I'll go home.*

Wo ist das Lager?

*Where is the storage room?*

Was soll ich damit machen?
*What would you like me to do with this?*

Darf das in diesen Müll?
*Does this go in the garbage?*

Gehört das in den gelben Sack?
*Does this go in the yellow recycling bag?*

Wie geht der Ofen an und aus?
*How do I switch on and off the oven?*

Kann ich den Teig schon anrühren?
*Can I already mix the dough?*

Wie viele Brötchen sind bestellt?
*How many rolls are ordered?*

Muss die Masse geschlagen werden?
*Does the mixture/dough have to be whipped?*

Wie lange muss der Teig gehen?
*How long does the dough have to prove?*

Heute gibt es …
*Today we have …*

Kann ich mich hier bewerben?

*Can I apply for a job with you/your company?*

Ich möchte mich hier bewerben.

*I would like to apply for a job with you/your company.*

Ich decke den Tisch.

*I'm setting the table (I'll set the table).*

| | Elias (1) | Johanna (1) | Lena (1) | Liam (1) | Luca (1) |
|---|---|---|---|---|---|
| Montag 7.7. | K | 7.00–16.00 | 8.00–17.00 | 7.00–12.00 | U |
| Bereich | – | Etage | Rest. | Etage | – |
| Dienstag 8.7. | K | frei | 8.00–17.00 | 7.00–12.00 | U |
| Bereich | – | – | Rest./Etage | Etage | – |
| Mittwoch 9.7. | K | 7.00–16.00 | 8.00–17.00 | frei | U |
| Bereich | – | Etage | Rest. | – | – |
| Donnerstag 10.7. | 7.00–16.00 | frei | 8.00–17.00 | frei | U |
| Bereich | Etage | – | Rest. | – | – |
| Freitag 11.7. | 7.00–16.00 | 8.00–17.00 | frei | 7.00–12.00 | U |
| Bereich | Etage | Rest. | – | Etage | – |
| Samstag 12.7. | frei | 7.00–16.00 | frei | 7.00–12.00 | U |
| Bereich | – | Etage | – | Etage | – |
| Sonntag 13.7. | frei | 7.00–16.00 | 8.00–17.00 | 7.00–12.00 | U |
| Bereich | – | Etage | Rest. | Etage | – |

1 = festangestellt; 2 = Aushilfe; 3 = extern K = Krankheit; U = Urlaub ö. B. = öffentlicher Bereich, Rest. = Restaurant

der Dienstplan, der Arbeitsplan

*roster, work schedule*

6:00 – 15:00 Uhr
Frühdienst, Frühschicht

*early shift*

15:00 – 24:00 Uhr
Spätdienst, Spätschicht

*late shift*

| Mitarbeiter | Urlaubstage | Krankheitstage | 1. Juni DO | 2. Juni FR | 3. Juni SA | 4. Juni SO | 5. Juni MO | 6. Juni DI | 19. Juni MO | 20. Juni DI | 21. Juni MI | 22. Juni DO | 23. Juni FR | 24. Juni SA |
|---|---|---|---|---|---|---|---|---|---|---|---|---|---|---|
| Reiner Hohn | | | | | | | | | | | | | | |
| Frank Reich | 0 | 2 | | | | | | | | | | | | |
| Andre Hen | 7 | 0 | 1 | 1 | | | 1 | 1 | | | | | | |
| Eva Adam | 0 | 10 | | | | | | | K | K | K | K | K | |
| Dennis Schläger | 15 | 0 | | | | | 1 | 1 | 1 | 1 | 1 | 1 | 1 | |
| Andi Tür | 0 | 0 | | | | | | | | | | | | |
| Anna Bolika | 5 | 5 | | | | | | | 1 | 1 | 1 | 1 | 1 | |
| Klara Himmel | 0 | 2 | K | K | | | | | | | | | | |

der Urlaubsplan, der Vertretungsplan

*holiday plan, stand-in schedule*

gestern
*yesterday*

heute
*today*

morgen
*tomorrow*

übermorgen

*the day after tomorrow*

# Bildquellenverzeichnis

**Alamy Ltd.**, Oxon, Großbritannien: S. 80/7 (Leonid Iastremskyi/Pixel-shot); 81/1 (Leonid Iastremskyi/Pixel-shot); 115/5 (Image Professionals GmbH)
**as-illustration**, Rimpar: S. 9/3
**Bartscher GmbH**, Salzkotten: S. 27/2,3
**BGN Berufsgenossenschaft Nahrungsmittel und Gastgewerbe (BGN)**, Mannheim: S. 7/5,6
**Brosamler, Ulrike**, Bad Bramstedt: S. 11/2,4-6; 12/1,4-6; 13/1-6; 14/1-5; 15/1,2,4,5; 16/1-6; 17/1-6; 18; 19/1-6; 20/3,6; 21/1-4,7; 22/1-4,6; 23/1,2,6; 24/1-3; 26/1-4; 27/4; 28/4-6; 29/4,5; 30/6; 105/3
**DIN Deutsches Institut für Normung e. V.**, Berlin: S. 6/1,2,4,6;7/4; 8/1,2a,2b,5; 9/2
**Dr. August Oetker Nahrungsmittel KG**, Bielefeld: S. 108/3,5,6; 109/4; 115/4,6
**Dreamstime LLC**, Brentwood, Tennessee, USA: S. 24/4
**Ewers-Basbay, Ute**, Hamburg: S. 123/5
**Galas, Elisabeth**, Bad Breisig: S. 39/6a; 46/4b
**Grafische Produktion Neumann**, Rimpar: S. 9/5
**iStockphoto**, Berlin: S. 3/6 (4x6); 5/1 (Daniel Pintaric); 6/3 (YolandaVanNiekerk); 9/4 (Lisa-Blue); 27/1 (stocknroll); 34/1 (rasilja); 37/3 (Drazen); 38/7a (rimglow); 42/7 (TinaFields); 49/8 (deepblue4you); 54/6 (Teresa Azevedo); 59/5 (LianeM); 73/1 (clu),2 (mputsylo), 5 (Prostock-Studio); 81/5 (Wicki58); 82/4,5 (Wicki58); 88/2 (andresr); 89/4 (skynesher); 91/1 (Hazal Ak)
**KCS GmbH · Verlagsservice & Medienproduktion**, Stelle: S. 106/1-5
**Kleiber, Susanne**, Hamburg: S. 10/1
**König Deutschland GmbH,** Dinkelsbühl: S. 12/3
**Krausen, Scott**, Mönchengladbach: S. 25/2; 64/6
**Letzner, Claudia**, Elmshorn: S. 119/4-6; 120/1,2,5,6; 121/1-4,6; 122/1,2,4,6; 123/1,3,4,6
**mauritius images GmbH**, Mittenwald: S. 5/3 (Science Source); 38/1 (ROSENFELD)
**Müller, Tanja**, Lübeck: S. 31/1,4; 32/2a,b,3,4,5; 33/1-3; 34/2,3,5; 35/2,4; 36/1-6; 37/1,2; 70/6; 80/1-6; 81/2-4; 82/6; 83/2,4-6; 84/1-6; 85/1,2,6; 86/1-6; 87/1-5; 107/1; 118/1,2,5
**Peters, Mark**, Rendsburg: S. 4/5; 6/5; 7/1-3; 10/6; 12/2
**Quatsling, Liane**, Affing: S. 8/4
**Rudolf Richter GmbH**, Heimsheim: S. 15/3
**Schauerte, Bernd**, Hamburg: S. 20/2; 32/1a,b; 33/4; 34/6; 42/8; 44/3-6; 45/4,5; 46/2,5,6; 47/3,5,6; 51/4,5; 53/1,6; 55/4,5; 56/3; 88/5; 89/3,5,6; 90/1-3; 91/2,3,5; 94/2,4,6; 96/4; 102/5; 105/2,4-6; 109/3; 111/6
**Schofer, Matthias**, Mölln: S. 61/1-3, 5; 62/1-6; 63/1-6; 64/1-5; 65/1-6; 66/1-6; 67/1,2,4-6; 68/1-6; 69/1-3; 70/1-4; 71/1,2,4-6; 73/6; 74; 75/1-5; 76; 78
**Shutterstock Images LLC**, New York, USA: S. 1/1-6 (Charles B. Ming Onn); 1/7 (Thermchai); 1/8 (happymay); 2/1 (Lopolo); 2/2 (Thermchai); 2/4 (Nolte Lourens); 2/6 (absolutimages); 3/1 (anaken2012); 3/2 (benjamas119); 3/3 (Kunstzeug); 3/5 (123object); 4/1 (beerkoff); 4/2 (Graphic design); 4/4 (Lisa F. Young); 5/2 (9nong); 5/5 (Lotuscolor); 5/6 (antos777); 8/3 (Madarakis); 8/6 (ILYA AKINSHIN); 9/6 (areeya_ann); 9/7 (Lubos Chlubny); 10/2 (hakandogu); 11/1 (Claudio Divizia); 11/3 (Channnaphat yamuangmorn); 15/6 (Baloncici); 20/1 (Matt Valentine); 20/5 (MichaelJayBerlin); 21/5 (kavring); 21/6 (Birgit Reitz-Hofmann); 22/5 (ifong); 23/3 (M. Unal Ozmen); 23/4 (Anastasia_Panait); 23/5 (VictorH11); 24/5 (Africa Studio); 24/6 (rochariboiro); 24/7 (5); 25/1 (Food Travel Stockforlife); 25/4 (Dan Kosmayer); 25/5a,b (Sergej Razvodovskij); 26/5 (Taras Vyshnya); 27/5 (Boleslaw Kubica); 27/6 (Boleslaw Kubica); 28/1 (Irina Rogova); 28/2 (Irina Rogova); 28/3 (3DMI); 29/1 (JFs Pic Factory); 29/2 (Piotr Marcinski); 29/3 (Stokkete); 29/6 (Deymos.HR); 30/2 (gillmar);

30/3 (angelo gilardelli); 30/4 (AM-STUDiO); 30/5 (Early Spring); 30/7 (Ed Phillips); 31/2 (Olga Popova); 31/3 (Viappy); 31/5a (grafvision); 31/5b (Momomimee); 31/6 (Vadim Zakharishchev); 32/6 (Vadim Zakharishchev); 33/6 (Rabbitmindphoto); 34/4 (Max4e Photo); 35/1 (viennetta); 35/3 (Anze Furlan); 35/5 (Catarina Belova); 35/6 (Ari N); 37/4 (Riana Ambarsari); 37/5 (SHINPANU); 37/6 (Riana Ambarsari); 38/2a, 4a, 5a (Potapov Alexander); 38/6b (Elena Elisseeva); 39/1a (M. Unal Ozmen); 39/1b (Evan Lorne); 39/2a, 3a, 3b, 4a (M. Unal Ozmen); 39/4b (Diana Taliun); 39/5a (M. Unal Ozmen); 39/6b (Anton Starikov); 40/1a (Moving Moment); 40/1b (Pixel-Shot); 40/2 (Moving Moment); 40/3 (Diana Taliun); 40/4 (MaraZe); 40/5 (neil langan); 40/6 (Diana Taliun); 41/1 (artphotoclub); 41/2 (Scisetti Alfio); 41/3 (New Africa); 41/4 (oksana2010); 41/5 (Tobik); 41/6 (M. Schuppich); 42/2 (Peter Hermes Furian); 42/3-6 (Peter Hermes Furian); 42/9 (Nedim Bajramovic); 43/1 (Maks Narodenko); 43/6 (Africa Studio); 44/1 (Valentyna7); 44/2 (Squareplum); 45/1 (Multiart); 45/6 (MarkoBr); 46/1 (xpixel); 46/3a (mihalec); 46/3b (focal point); 46/3c (Moving Moment); 46/4a (Madlen); 47/1a-c (Nataliia Pyzhova); 47/2a (Potapov Alexander); 47/2b, 2c, 2d (Nataliia Pyzhova); 47/4 (lantapix); 48/1-3 (VanderWolf Images); 48/4 (adike); 48/5 (Tobik); 48/6 (MaraZe); 48/7 (Vector things); 49/1 (Roman Samokhin); 49/2 (LuckyDesigner); 49/3 (Lilyana Vynogradova); 49/4 (MaraZe); 49/5 (da_o); 49/6 (Madlen); 49/7 (wsf-s); 50/1 (Tanya Sid); 50/2 (Moving Moment); 50/4 (Valentina Proskurina); 50/5 (Eskymaks); 50/6 (Vova Shevchuk); 51/2a (Vector things); 51/3 (Richard Griffin); 51/6 (icolourful); 52/1 (M. Unal Ozmen); 52/2 (Jayne Duncan); 52/3 (Africa Studio); 52/4 (Fototocam); 52/5 (Diana Taliun); 52/6 (Stocksnapper); 53/2 (Murikov Egor); 53/3 (monticello); 53/4 (Lepas); 53/5 (VladaKela); 54/3 (Roman Tsubin); 54/4 (SATJA2506); 54/7 (jeehyun); 54/9 (Shawn Hempel); 55/1 (gresei); 55/2a (Dagmar Breu); 55/2b (gresei); 55/3 (Julia Ar); 56/1 (Kovaleva_Ka); 56/2 (M. Unal Ozmen); 58/1-3 (Tim UR); 60/2 (foodonwhite); 60/6 (MaraZe); 60/7 (ALEX S); 60/8 (Dragon_Fly); 61/4, 6 (Vangelis_Vassalakis); 67/3 (comodigit); 69/4 (Richard Griffin); 69/5 (Strannik_fox); 69/6 (ffolas); 70/5 (Cattlaya Art); 72 (Markus Mainka); 73/3 (stockcreations); 73/4 (anatoliy_gleb); 75/6 (Olha Vysochynska); 82/1 (XArtProduction); 82/2 (Riana Ambarsari); 82/3 (Happy Together); 83/1 (Syda Productions); 83/3 (Miguel Castans Monteagudo); 85/3 (Ulrich Willmunder); 85/4 (Leszek Nowakowski); 85/5 (owlpro); 87/6 (Pollawit J); 88/1 (Lenar Nigmatullin); 88/3 (Luis Molinero); 88/4 (Ikonoklast Fotografie); 88/6 (NataliAlba); 89/1 (stockfour); 89/2 (Ikonoklast Fotografie); 90/4 (YAKOBCHUK VIACHESLAV); 90/5 (lantapix); 90/6 (Ikonoklast Fotografie); 91/4 (Brendt A Petersen); 91/6 (red mango); 92/1 (monticello); 92/2 (Evgeny Tomeev); 92/3 (maxtimofeev); 92/4 (pixbox77); 92/6 (Seroff); 93/1 (Antonio Gravante); 93/2 (Resul Muslu); 93/3 (GSDesign); 93/6 (chrisdomey); 95/1 (BigNazik); 95/2 (Inna Reznik); 95/3 (page frederique); 95/4 (RikoBest); 95/5 (Zeralein99); 95/6 (anitasstudio); 95/7 (Erkut Dadak); 96/1 (Diana Taliun); 96/2 (Plateresca); 96/3 (Nicole Lienemann); 96/6 (BrunoRosa); 97/3 (MSPhotographic); 97/4 (Maren Winter); 97/5a (Richard M Lee); 97/5b (Edler von Rabenstein); 97/6 (etorres); 98/2a (Tune-dln by Westend61); 98/2b (Carmen Steiner); 98/3 (anna.q); 98/5 (WitR); 98/6 (andersphoto); 99/1 (Ermak Oksana); 99/2 (Ekaterina43); 99/6 (Torsten Dietrich); 100/1 (Zerbor); 100/4 (Maren Winter); 100/5 (MyImages - Micha); 100/6 (hjochen); 101/1 (cristi180884); 101/3 (Ezume Images); 101/4 (orinocoArt); 102/1 (D. Pimborough); 102/2 (igra.design); 102/3 (HASPhotos); 102/4 (Tonio_75); 102/6b (Bjoern Wylezich); 103/1 (pirtuss); 103/2 (Tobik); 103/3 (night flower); 103/4 (Tanya Sid); 103/5b (Catalin Petolea); 104/1 (hanabiyori); 104/2 (Viktor1); 104/3 (ClaudiaMMImages); 104/5 (Bjoern Wylezich); 105/1 (cristi180884); 106/6 (ESLINE); 107/3 (Lesya Dolyuk); 107/4 (Bochkarev Photography); 107/5 (momemoment); 108/2 (Africa Studio); 109/1 (13Smile); 109/2 (Miuda); 109/5 (Charlotte Lake); 110/1 (rainbow33); 110/4 (Natalija Sahraj); 111/1 (xdBenz); 111/3 (beats1); 111/5 (wiesdie); 112/1 (Viktor1); 112/3 (bonchan); 112/4 (Krzysztof Slusarczyk); 112/5 (margouillat photo); 113/5 (BarthFotografie); 113/6 (vitals); 114/1 (Novikov Nikolay); 114/2 (Brian Senic); 114/3 (Ildi Papp); 114/4 (Pilschikova Ekaterina); 114/5 (Africa Studio); 114/6 (Evgeny Tomeev); 115/2 (Lik Studio); 115/3 (www.BillionPhotos.com); 116/1 (kubais); 116/2 (Rose

Carson); 116/3 (smirart); 116/4 (DenisMArt); 116/5 (OPOLJA); 116/6 (oksix); 117/1 (Valentyn Volkov); 117/3 (yabu); 117/4 (Shawn Hempel); 117/5 (Jack Jelly); 118/4 (Alexey Bobylev); 118/6 (DashaKuzmina); 119/1 (Graphic design); 119/2 (Graphic design); 120/3 (Besjunior); 120/4 (VPales); 121/5 (kongsky); 123/2 (Ilya lyubchenko); 124/1 (Tomasz Klejdysz); 124/2 (Eric Isselee); 124/3 (Vitalii Hulai); 124/4 (Henrik Larsson); 124/5 (Tomasz Klejdysz); 124/6 (gstalker)
**stock.adobe.com**: S. 2/3 (MaFiFo); 2/5 (Sharon Barnes Photography); 3/4 (Kayros Studio); 3/7a,b (Ruslan Olinchuk); 4/3 (ilro); 5/4 (Superingo); 9/1 (Vladyslav Bashutskyy); 25/3 (Jacques PALUT); 25/6 (withGod); 33/5 (Gerd Gropp); 38/2b (Xavier); 38/3a (proffelice); 38/3b (Elena Schweitzer); 38/4b (eyewave); 38/5b (Schlierner); 38/6a (Liaurinko); 38/7b (L.Klauser); 38/8 (angelo.gi); 42/1 (Dionisvera); 42/10 (HLPhoto); 43/2 (Natika); 43/3 (Dionisvera); 43/4 (Giuseppe Porzani); 43/5 (Giuseppe Porzani); 45/2 (Comugnero Silvana); 45/3 (Comugnero Silvana); 50/3 (Foodlovers); 51/1 (ExQuisine); 51/2b (ExQuisine); 54/1,2 (akf); 54/5 (valery121283); 54/8 (Dionisvera); 56/4 (photocrew); 56/5 (valery121283); 56/6 (atoss); 57/1 (Giuseppe Porzani); 57/2 (alfastudiofoto); 57/3 (volff); 57/4 (Giuseppe Porzani); 57/5 (valery121283); 57/6 (volff); 57/7 (camera-me.com); 58/4 (margo555); 58/5 (volff); 58/6 (margo555); 58/7 (Dionisvera); 59/1,2 (Giuseppe Porzani); 59/3 (vasi_100); 59/4 (Malyshchyts Viktar); 59/6 (silencefoto); 60/1 (Alexey Smirnov); 60/3 (robynmac); 60/4 (Giuseppe Porzani); 60/5 (Barbara Pheby); 93/4,5 (womue); 94/1 (PhotoSG); 94/3 (VRD); 94/5 (womue); 96/5 (Harald Biebel); 97/1 (gerhbaum); 97/2 (Gabriele Rohde); 98/1 (ArtCookStudio); 98/4 (JanSommer); 99/3 (Ars Ulrikusch); 99/4 (womue); 99/5 (skabarcat); 100/2 (imageBROKER); 100/3 (photocrew); 101/5 (Cpro); 101/6 (victoria p.); 102/6a (victoria p.); 103/5a (martingaal); 103/6 (womue); 104/4 (sorcerer11); 104/6 (Frofoto); 107/2 (rainbow33); 107/6 (Christian Schwier); 108/1 (tinadefortunata); 108/4 (Karola Xenia Fehr); 109/6 (Lucky Dragon); 110/2 (New Africa); 110/3 (superfood); 110/5 (kristina rütten); 110/6 (Ideenkoch); 111/4 (chandlervid85); 112/2 (iuliia_n); 112/6 (tunedin); 113/1 (ebraxas); 113/2 (apfelweile); 113/3 (Martin Rettenberger); 113/4 (illustrez-vous); 115/1 (Denira); 117/2 (Viktor); 117/6 (blende40); 118/3 (vanvuurenphotography); 122/3 (VRD); 122/5 (Eisenhans)
**StockFood GmbH**, München: S. 81/6 (Gräfe & Unzer Verlag/Neubauer, Mathias); 111/2 (Seasons Agency/Gräfe & Unzer Verlag/Neubauer, Mathias)
**Strohauer GmbH**, Kaiserslautern: S. 10/3-5,7
**Verlag Handwerk und Technik GmbH**, Hamburg: S. 20/4; 30/1; 39/2b, 5b; 71/3; 92/5; 101/2
**yourphototoday, Ducke & Willmann GbR**, Ottobrunn: S. 119/3 (Jaak Nilson/Spaces Images RF)

# Wo finde ich was?